万琴 著

基于顾客感知及行为的O2O决策研究

JIYU GUKE GANZHI JI
XINGWEI DE O2O JUECE YANJIU

四川大学出版社

项目策划：张宇琛
责任编辑：蒋姗姗
责任校对：周　艳
封面设计：墨创文化
责任印制：王　炜

图书在版编目（CIP）数据

基于顾客感知及行为的 O2O 决策研究 / 万琴著. —成都：四川大学出版社，2019.11
ISBN 978-7-5690-3229-1

Ⅰ.①基… Ⅱ.①万… Ⅲ.①市场营销学－研究 Ⅳ.①F713.50

中国版本图书馆 CIP 数据核字（2019）第 278302 号

书　名	基于顾客感知及行为 O2O 决策研究
著　者	万　琴
出　版	四川大学出版社
地　址	成都市一环路南一段 24 号（610065）
发　行	四川大学出版社
书　号	ISBN 978-7-5690-3229-1
印前制作	四川胜翔数码印务设计有限公司
印　刷	四川盛图彩色印刷有限公司
成品尺寸	170mm×240mm
印　张	9.25
字　数	177 千字
版　次	2020 年 4 月第 1 版
印　次	2020 年 4 月第 1 次印刷
定　价	45.00 元

◆ 版权所有 ◆ 侵权必究

扫码加入读者圈

◆ 读者邮购本书，请与本社发行科联系。
　电话：(028)85408408/(028)85401670/
　(028)86408023　邮政编码：610065
◆ 本社图书如有印装质量问题，请寄回出版社调换。
◆ 网址：http://press.scu.edu.cn

四川大学出版社
微信公众号

前　言

O2O 即 Online to Offline（线上到线下），是一种将互联网与线下需求相结合的新兴电子商务模式。顾客可以在线上购买商品或服务，再到线下提取商品或享受服务。O2O 是近年来电子商务、网络营销、运营管理等领域的研究热点。顾客的线下体验是 O2O 无法分割的一部分，所以企业在制定 O2O 营销决策时，不应忽视顾客的感知和行为。本书希望通过对两类 O2O 营销决策进行具体研究，从而表明本地服务零售企业可以基于顾客的感知或行为制定决策并提高利润。本书的第一个研究对象是交易型 O2O 的衍变模式：团购优惠券营销。研究企业如何利用团购优惠券的兑换限制条件影响顾客的易用感知程度，从而有效实施价格歧视。第二个研究对象是顾问型 O2O 模式：基于地理位置服务（LBS）的移动目标营销。考虑顾客的摘樱桃行为，分析企业在不对称的竞争环境下如何基于顾客的实时地理位置将"对的折扣信息"推送至"对的顾客"。摘樱桃行为是指顾客为了得到更低的折扣价格，花费额外的交通成本移动到较远的地方，获取折扣价格后再完成线上支付和线下体验。

本书利用决策优化论、博弈论方法建立理论模型并求解，通过对两类 O2O 营销模式盈利条件进行分析，主要做了以下研究工作：

其一，提出团购优惠券的最优设计以及长、短期团购优惠券营销的利润占优条件，证明合理的兑换限制条件有利于企业实施价格歧视。发现长、短期团购优惠券营销的利润占优条件与一个特殊比值有关，即提供团购优惠券引起的单位损失与商品原价带来的边际利润之比。企业应根据该特殊比值的取值情况决定采取长期或短期团购优惠券营销，或不采取团购优惠券营销。

其二，在竞争企业拥有的顾客移动可及率（能通过移动手机获得商品折扣信息的顾客人数比例）不对称的环境下，提出企业在移动目标营销中的均衡定位、定价决策，指导企业合理利用顾客的摘樱桃行为。定位决策表明，如果两企业的竞争能力越接近，那么企业推送折扣信息至对手附近顾客的可能性越小；反之，竞争优势企业推送折扣信息至对手附近顾客的可能性越大，而竞争劣势企业为了挽回利润损失,也只能采取相同的定位决策。定价决策表明,均衡价格除了受到顾客单位交通成本的影响,还与顾客移动可及率等因素有关,在一定条件下"允许顾客摘樱桃"的移动目标营销能够给企业带来比"限定顾客位置"的移动目标营销更多的利润。

  近年来,我国高等院校在管理科学、网络营销等研究方向的教学中,开设了诸多关于企业网络营销模型理论的教学内容,也出现了很多相关译著、专著,各有特色。本书内容是笔者对O2O营销决策进行研究所取得的最新成果,主要创新性体现在以下几个方面:第一,同时考虑价格折扣率以及兑换限制条件的苛刻程度,提出团购优惠券的最优设计方案。不同于大多数文献的定性研究,本文定量的研究结果更容易应用于实践。第二,提出长、短期团购优惠券营销的利润占优条件,并证明该条件在顾客的易用感知中具有同质及异质性时存在稳定性。第三,不同于大多数文献的实证研究,基于博弈理论建立Hotelling模型,提出竞争企业在移动目标营销中的均衡定位与定价决策。第四,在不对称竞争环境下研究移动目标营销的盈利水平,并进一步分析竞争劣势企业对竞争优势企业的最优应对措施。不对称的竞争更加符合实际市场环境,相关结论也更具实践指导意义。第五,不同于传统观点认为顾客的摘樱桃行为对企业利润只存在负向影响,证明顾客的摘樱桃行为在移动目标营销中对企业利润同时产生正、负向影响,并为企业如何合理利用摘樱桃行为的正向影响提供理论指导。由于关于O2O营销决策理论模型的国内外研究文献不多,所涉及的模型又相对复杂,因此,本书只选取了O2O营销的部分问题进行研究,后续还会在此领域做大量的相关研究工作。

  在此,我要感谢我的恩师杨石磊教授,是他带我步入学术研究的殿堂,督促我不断成长。同时感谢研究团队中卢美丽、李会景、王丽丽、杨改、梁靖、周瑞、汤咏梅对本书研究内容给予的重要帮助,感谢我的父母、丈夫和一双儿女对我研究工作的支持和鼓励。

  最后,要特别感谢教育部人文社会科学研究项目(19YJC630159)、四川省社会科学研究规划项目(SC18C050)、西南石油大学人文专项基金科研培育项目(2018RW010)的资助。正是由于这三项基金的支持,此书才得以尽快与读者见面。由于笔者水平和写作时间有限,疏漏之处在所难免,望广大专家和相关领域学者批评指正。

万琴

2019年7月于成都

目 录

1 绪 论 ……………………………………………………………… (1)
  1.1 研究背景和必要性 ………………………………………… (1)
  1.2 研究内容和研究意义 ……………………………………… (15)
  1.3 研究方法、结构安排与研究创新 ………………………… (17)

2 相关文献综述 …………………………………………………… (23)
  2.1 O2O 发展的相关研究 ……………………………………… (24)
  2.2 团购优惠券营销相关研究 ………………………………… (32)
  2.3 移动目标营销相关研究 …………………………………… (40)
  2.4 文献评述 …………………………………………………… (52)

3 顾客易用感知程度与团购优惠券营销 ………………………… (54)
  3.1 引言 ………………………………………………………… (54)
  3.2 问题描述与基本模型假设 ………………………………… (55)
  3.3 单阶段团购优惠券营销决策 ……………………………… (58)
  3.4 双阶段团购优惠券营销决策 ……………………………… (61)
  3.5 具有异质性的顾客易用感知程度 ………………………… (66)
  3.6 数值模拟分析 ……………………………………………… (68)
  3.7 本章小结 …………………………………………………… (74)

4 顾客移动可及率与移动目标营销 ……………………………… (75)
  4.1 引言 ………………………………………………………… (75)
  4.2 问题描述与模型假设 ……………………………………… (76)
  4.3 对称环境下的移动目标营销决策 ………………………… (77)
  4.4 不对称环境下的移动目标营销决策 ……………………… (86)
  4.5 数值模拟分析 ……………………………………………… (98)

  4.6 本章小结 ·· (102)
5 结语 ·· (103)
5.1 研究结论 ·· (103)
5.2 理论贡献和管理启示 ·································· (104)
5.3 研究局限及展望 ······································ (107)
参考文献 ·· (109)
附　录 ·· (122)
  附录 1　定理 3.1 的证明 ································ (122)
  附录 2　定理 3.2 的证明 ································ (123)
  附录 3　定理 3.3 的证明 ································ (125)
  附录 4　定理 3.4 的证明 ································ (127)
  附录 5　定理 4.1 的证明 ································ (131)
  附录 6　定理 4.2 的证明 ································ (132)
  附录 7　定理 4.3 的证明 ································ (133)
  附录 8　定理 4.4 的证明 ································ (134)
  附录 9　定理 4.5 的证明 ································ (137)

1 绪 论

1.1 研究背景和必要性

1.1.1 消费者身边的 O2O 及其业务模式

1.1.1.1 消费者身边的 O2O

如果您不知道 O2O，那您一定知道团购。对于大众来说，O2O 始于团购，但是团购仅仅是 O2O 的冰山一角。如今，消费者参与的团购多为团购优惠券形式，即消费者先在团购网站（如大众点评、美团、百度糯米、Groupon）购买团购优惠券，再到商家门店兑换优惠券，提取商品或享受服务。此外，餐饮外卖（如饿了么）、生鲜超市（如盒马鲜生）等提供的实物到家，上门洗车、保洁、美容、按摩等提供的服务到家，共享单车（如 ofo、摩拜），共享出行（如滴滴打车、Uber）等都属于 O2O。O2O 是以"线上支付+线下体验"为核心，将线下需求与互联网相结合的一种新兴电子商务模式。

随着移动智能终端的普及，O2O 得以高速发展并实现了本地化及移动设备的整合和完善。在广大消费者日常生活的各个方面，从饮食娱乐到休闲出行，O2O 都将无处不在。O2O 之所以受到广大消费者和本地服务零售企业的青睐，于消费者是因为其不仅可以享受优惠的线上价格和方便快捷的支付方式，而且也满足了消费者的线下体验要求；于企业是因为线上的交易记录有效提高了其收集顾客消费数据的能力，在对营销决策的盈利性进行有效测评的同时，也有助于企业针对消费者提供更多个性化、精准化的营销服务。

随着 O2O 的发展，企业及消费者对待 O2O 的态度更加理性。例如，零售企业不再侧重利用团购优惠券的价格折扣吸引消费者，通常会附加团购优惠券的兑换限制条件，以防止可以接受商品原价的顾客参加团购。消费者也不再只关心商品价格折扣的大小，而开始注重商品的质量以及服务水平。如图 1.1 所示，某餐饮团购优惠券对使用时间及使用规则有若干兑换限制：节假日不能使用、必须提前预约等。消费者会基于自身对兑换限制条件的接受程度做出购买决策：或参加团购，或在门店以原价消费，或放弃消费计划。可见，零售企业已经开始注重团购优惠券营销决策的可持续发展，不再追求牺牲短期利润来刺激销售量。

图 1.1　团购优惠券的兑换限制条件（大众点评 App 截图）

此外，消费者已经逐渐养成基于地理位置获取折扣优惠的消费习惯。知名优惠券服务公司 Valassis 于 2017 年 04 月 21 日发布的《2017 年优惠券与购物行为调查报告》显示，和其他方式相比，喜欢在移动手机上收到优惠券的消费者数量增长最快，从去年的 24% 增长至 32%。越来越多的消费者利用移动手机应用（Application，简称 App）的便利和存储功能接收优惠券。如图 1.2 所示，我国消费者通过使用支付宝 App 卡包中的"附近特惠"功能，则可获得附近零售企业提供的优惠券。

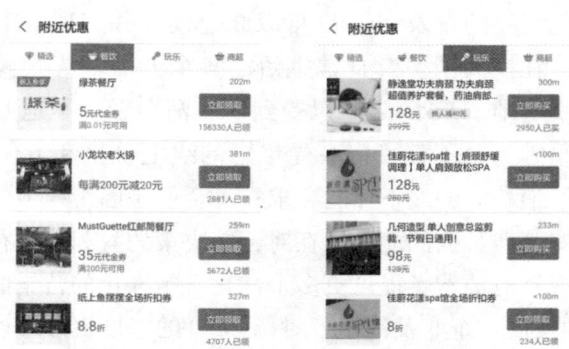

图 1.2　支付宝 App 卡包中的附近优惠功能界面截图

综上，在移动互联网时代，如何制定可持续的、基于地理位置服务（Location－based service，简称LBS）的O2O营销决策是本地服务零售企业重点关注的问题。本书将在此背景下基于顾客的感知及行为研究企业的O2O决策。

1.1.1.2　O2O的定义及业务模式分类

O2O的概念最早由美国企业家Rampell（2010）提出，是一种将线下需求与互联网相结合的新兴电子商务模式。

广义的O2O是指通过线上营销推广的方式，将消费者从线上平台引入线下实体店，即Online To Offline；或通过线下营销推广的方式，将消费者从线下转移到线上，即Offline To Online，在整个过程中不完全强调要通过线上支付环节完成交易。

狭义的O2O是指消费者通过在线支付购买商品或服务，并到线下实体店完成消费体验；或消费者在线下体验后通过移动终端以二维码等方式进行支付，进而完成交易。狭义O2O强调的是交易必须是在线支付，同时，商家的营销效果是可测量、可预测的。如今，O2O市场几乎皆以"线上支付＋线下体验"为核心，属于狭义的O2O。

O2O具有三个基本特征（卢益清、李忱，2013）：一是有实体店的存在，消费者最终要到实体店消费商品或者享受服务；二是需要通过互联网提供或者推送商品信息（包括新产品推广、价格折扣等）至消费者；三是消费者需要先在线完成支付流程，再到实体店完成线下体验。

根据尼尔·雷克汉姆和约翰·德文森蒂斯在《销售的革命》中对基本销售类型的划分，O2O的业务模式可划分为交易型销售（对应波特的成本领先竞争战略）与顾问型销售（对应波特的差异化竞争战略），如图1.3所示。

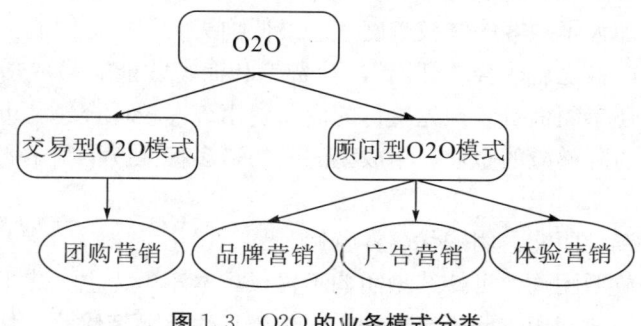

图1.3　O2O的业务模式分类

交易型O2O模式的典型代表即为团购营销（姜奇平2011，苏涛2012）。团购是以成本为竞争优势，以打价格战为主的商业模式，主要以低价刺激市场需求，因此，很难维持顾客黏性或忠诚度。所以，团购比较适合中间价格不透明、存在暴利的市场领域，其他市场领域若采取成本领先型团购，很可能会遭受利润损失。

顾问型O2O模式包括品牌营销、广告营销和体验营销。品牌营销是指企业基于O2O在线上强化自身品牌，从而带动线下消费。不同于一般无目标的投放广告，广告营销是指企业基于O2O对目标顾客群体投放广告，广告的转化率更高、反馈的广告效果更精准。体验营销是指通过提供良好的用户体验带动线下销售。为了对O2O进行较为全面的研究，本书将分别选择一种交易型O2O营销以及一种顾问型O2O营销作为主要研究对象。

1.1.2 团购、移动目标营销简介

1.1.2.1 团购营销简介

根据1.1.1.2节中关于O2O的业务模式的分类可知，团购营销是交易型O2O的典型代表。本节将分别具体介绍粗放型团购和可持续型团购。

（1）粗放型团购。

本书将粗放型团购定义为始于O2O发展初期且以低价刺激销售量的营销手段。粗放型团购具有三个缺点：①产品同质化。因为较大的产品差异性不能吸引消费者抱团采购。②以成本竞争为主，价格几乎是唯一的焦点。③难以培养顾客忠诚度，不利于持续发展。

粗放型团购具有三个基本特征：①承诺效应。不同于顾客直接到店根据商品质量等客观因素决定是否购买商品或服务，团购要求顾客预先在线支付商品费用，这对顾客来说存在承诺效应，即产生一种被捆绑、必须完成线下体验的压力感，并且加大了顾客的维权难度。②最低购买人数门槛限制。团购在购买人数达到最低门槛之后才会"开团"，消费者和商家才能交易成功，否则交易取消，商家退还参团消费者预先支付的商品费用。③较适合暴利市场领域或者单位生产成本边际递减的企业。粗放型团购的诸多特征皆不利于团购的可持续发展。

（2）可持续型团购：团购优惠券营销。

不同于粗放型团购，可持续型团购不再以成本竞争为主。除了价格歧视作用之外，零售企业利用团购优惠券的广告作用且注重顾客体验，从而吸引新顾

客并提高顾客回购率。团购优惠券营销是可持续性团购的典型代表,属于交易型O2O的衍变模式,目前已经发展成为一种常态的、可持续发展的本地化O2O模式。本书将其作为第一个研究对象。团购优惠券营销的具体定义为:顾客先在线上平台购买团购优惠券,然后再到企业实体门店通过兑换团购优惠券提取商品或享受服务的O2O模式。

团购营销在粗放型时期的三个特征(如承诺效应,最低团购人数限制,企业边际成本递减),已经随着经济发展以及日益激烈的竞争趋势被逐渐淡化。可持续性团购营销已形成了新的特征,如表1-1。①无条件退款——消除顾客承诺效应。如今,绝大多数团购网站均为消费者提供非常便利的退款政策。如高朋网(Groupon.com,2017)承诺,对绝大多数当地服务零售企业的团购优惠券提供免费退款,并且对购买后三天内没有兑换的优惠券实行无条件全额退款。顾客的退款申请只在极少数情况下无法兑现(如取消酒店团购优惠券的预订)。宽松的退款环境直接降低了预付费产生的承诺效应对顾客购买行为的影响。②最低团购人数零限制。随着团购优惠券营销日益流行,零售企业间的竞争逐渐白热化,所以零售企业只能不断降低团购优惠券营销活动中的"最低人数限制",如今,"1人成团"的团购活动比比皆是。③团购企业成本的非边际递减。越来越多的服务零售企业愿意为顾客提供团购优惠券营销活动,即使零售企业的单位生产成本并不满足边际递减规律。比如当地服务零售业中的餐馆、酒吧、糕点店、咖啡厅以及按摩中心等零售企业的单位生产成本几乎为常数。

表1-1 粗放型团购和可持续型团购的特征比较

	粗放型团购	可持续型团购(团购优惠券营销)
特征1	承诺效应	无条件退款
特征2	最低购买人数门槛限制	最低团购人数零限制
特征3	企业边际成本递减	企业成本非边际递减

此外值得一提的是,已有学者(李翠芝,2014)提出,如今的团购优惠券营销空有虚名,团购已经"不团"。因为取消最低购买人数限制,抱团才能消费的情况已经消失,所以团购优惠券营销的本质只剩下优惠券营销。虽然团购优惠券已经逐渐失去"抱团消费"的意义,但其脱胎于团购,所以大多数学者仍然为其保留了团购的头衔,故本书称其为团购优惠券营销。

1.1.2.2　移动目标营销简介

根据 1.1.1.2 节中 O2O 的业务模式的分类，移动目标营销是属于顾问型 O2O 的一种广告营销模式。具体定义为：本地服务零售企业通过移动互联网基于 LBS 技术获得顾客的实时地理位置，为不同地理位置的顾客推送不同折扣信息的营销模式。这是本书的第二个研究对象。

（1）国内外应用现状。

移动终端的随身性及位置可追踪性更有利于本地化服务零售企业以地理位置为中心，通过价格折扣等信息吸引更多潜在顾客。移动目标营销在发达国家的发展相对较快，已经被越来越多的手机用户接受和依赖。早在 2015 年，据国外媒体 ADWEKK 报道（ADWEEK，2015），170 个美国品牌（如 Adidas、Pinkberry、Walmart 等）已经在使用这种基于 LBS 的广告技术，将广告信息推送给位于给定区域的顾客。Zebra Technologies 公司在 2015 年全球消费者研究白皮书中表明（Zebra-Technologies，2015），37％的受访消费者使用过零售企业推送至其移动手机的优惠券，51％的受访消费者表示愿意接受基于实时地理位置推送的移动优惠券。消费者通过登录手机 App 如谷歌钱包（Google Wallet）或苹果存折（Apple book），则可获得附近零售商提供的优惠券。优惠券通常是二维码电子码形式，顾客在门店消费时扫描二维码即可兑换相应折扣。此外，零售企业也可以通过 App 或者发送短信息等方式给位于其附近的消费者推送广告信息。

移动目标营销在我国的发展相对滞后于发达国家，目前尚处于起步阶段。但是移动目标营销的优势和良好前景已得到国内 O2O 业界各零售企业的充分认可，并应用于实践，广大消费者也开始接受并使用基于 LBS 的优惠券。如国内消费者可以注册登录支付宝 App，同意通过 App 分享位置信息并接受 App 的推送消息，如此则可使用"卡包"中的"附近特惠"或者"领优惠再支付"等功能（如图 1.2 所示），先获得附近的零售企业提供的优惠券，再选择到企业门店通过支付宝 App 支付、消费。

零售企业除了通过第三方 App 向顾客提供基于 LBS 的优惠券，也可以投资开发专属 App，如肯德基及阿里集团的盒马鲜生超市等企业均开发了专属 App。基于专属 App 平台，企业能够更加方便、快捷地向注册用户提供基于地理位置的营销服务。

（2）移动目标营销的特征。

移动目标营销与传统的基于顾客位置的营销模式存在根本区别：传统的、

基于顾客位置的营销主要以通过分发传单等方式将商品信息传递到顾客的物理位置，如家庭地址等。而零售企业在移动目标营销中基于 LBS 技术、移动互联网的大数据获得顾客移动手机的实时地理位置，并将广告信息推送至顾客的移动手机。

除了使商品信息的传达更准确有效这一显著特点之外，移动目标营销还有如下两个特征。一方面，移动目标营销给零售商提供了实施价格歧视的机会。通常零售商会选择推送较低的折扣价格至远距离的顾客，而推送较高的折扣价格至近距离的顾客。另一方面，在移动目标营销中，顾客有机会发生"摘樱桃"（Cherry picking）行为。自 20 世纪 90 年代起，已有学者对摘樱桃行为进行了研究，Drèze（1999）提出，摘樱桃是顾客为了追求自身效用最大化的理性经济行为，一般表现为品牌忠诚度较低、只买特价商品。学者 Chen 等（2015）在移动目标营销中，将顾客的摘樱桃行为描述为"为了得到更低的折扣价格，花费额外的交通成本移动到更远的地方，获得折扣价格后再到零售企业处提取商品或享受服务"。

据学者 Chen 等（2017）通过亚马逊劳务众包平台（Amazon Mechanical Turk）得到的调查数据显示：158 名受访者中有 54% 的消费者已经使用过基于 LBS 的移动手机优惠券，其中专门移动到指定地点获取某优惠券的消费者占 60%。在全部受访者关于"您愿意去指定地点获得某优惠券吗"的答案中，28% 的消费者表示愿意，62% 的消费者表示其决定与优惠券的折扣大小以及指定地点的距离远近相关，仅 10% 的消费者直接表示不愿意。可见顾客的摘樱桃行为在零售企业的移动目标营销中已经比较常见，特别当推送广告中的折扣价格吸引力足够大时，顾客更加可能发生摘樱桃行为。目前我国移动目标营销处于起步阶段，顾客摘樱桃行为不是非常明显。但随着基于 LBS 的精准营销不断发展，企业在移动目标营销中必然面临愈加激烈的竞争。如果消费者经常获得多家零售企业基于 LBS 推送的优惠券，那么消费者预测、搜索零售商优惠券的能力会逐渐提高，摘樱桃行为一定屡见不鲜。

综上，顾客的摘樱桃行为在移动目标营销中不容零售企业忽视，管理者在做决策时也迫切需要理论指导。学者 Chen 等（2015）率先在考虑顾客的摘樱桃行为的情况下研究移动目标营销。本研究在学习借鉴文献 Chen 等（2015）的基础上，从零售企业的竞争环境以及顾客的地理位置等角度拓展研究视角，深入研究零售企业的移动目标营销决策。

1.1.3 本研究在我国 O2O 发展历程中的定位

基于学者王雪梅（2011）关于我国 O2O 发展状况的研究，本书分三个阶段描述我国 O2O 的发展历程。

1.1.3.1 初始阶段：粗放型团购

继 2008 年美国团购网站 Groupon.com 取得巨大成功之后，各种团购网站如雨后春笋般在全球范围内出现，于 2010 年开始走入国人视野。本书将 O2O 初期的团购定义为粗放型团购。粗放型团购最为显著的特点是"低价则是王道"，即以低价刺激线下销售量。2010 年，团购行业进入鼎盛时期，6101 家团购网站同时出现，呈现"千团大战"的景象。2012 年，团购行业开始重新洗牌，团购市场一度陷入低迷。粗放型团购奉行低价策略，以牺牲企业边际利润为代价刺激短期销售量，不利于培养顾客的忠诚度，所以难以实现可持续发展。越来越多的企业管理者已经意识到团购策略"不变则亡"，开始了由粗放型团购向可持续型转型的探索之路。

学者曹丽和尤颖（2011）、孙思（2012）、李萧然（2012）、苏磊（2012）、刘晓羽（2013）等从诸多方面分析我国团购市场存在的问题，认为合理制定团购营销决策是企业需要考虑的首要问题，且团购营销决策的可持续性也迫切需要得到关注。

1.1.3.2 第二阶段：O2O 结合移动互联网

随着智能移动终端的普及，移动互联网几乎全面渗透于国民生活。中国互联网络信息中心于 2018 年 1 月 31 日发布的《中国互联网络发展状况统计报告》（CNNIC，2018）数据显示，截至 2017 年 12 月，我国网民规模达 7.72 亿，其中手机网民达 7.53 亿，手机网民占比高达 97.5%。消费者与企业的供求信息可以通过移动互联网迅速、准确、及时地传递和匹配。O2O 在移动互联网的助攻下如鱼得水，促进线下资源得到最大限度、最有效率的利用。

在 O2O 与移动互联网相结合的背景下，移动手机应用 App 成为连接企业和消费者的主要 O2O 平台，各类手机 App 应运而生。手机 App 已经悄然融入消费者的生活，在"我想知道""我想买""我想做""我想去"这些关键时刻，移动手机 App 扮演着非常关键的角色。美国消费者平均每天使用手机 App 长达 5 小时（Tech Crunch，2017），中国手机用户花在智能应用上的时间排名世界第一，印度、美国紧随其后（极客公园，2018）。对于移动手机用户来说，生活服务类手机App已经必不可少。而O2O正好可以利用手机用户对生活服务App的较高黏性，通过手机App传达商品信息。O2O的发展将逐渐依赖手机App平台。

1.1.3.3　第三阶段：本地化O2O成为常态和O2O＋LBS将成为焦点

（1）本地化O2O飞跃式发展。

必须到店才能消费商品或享受服务的基本特征使得O2O商务模式被餐馆、酒吧、咖啡馆、糕点店、酒店、健身中心、影楼、电影院、美容美发、按摩中心等本地生活服务零售企业广泛运用。企业可以利用网站或App发布商品及服务信息，同时，消费者也可以通过登录网站或App搜索所需商品或服务的价格、位置等信息。O2O以其独有的优势将更多的潜在市场需求变为现实，更好地协调了市场的供需匹配问题。同时，移动互联网的高速发展为企业实施O2O营销提供了良好的技术环境和硬件支持，促进了本地化O2O商务模式的进步。

O2O线上购买、线下享受服务的特性与本地化生活服务市场之间有着天然的契合，所以O2O在本地化生活服务市场的发展如鱼得水。国内知名互联网数据资讯公司易观国际于2018年1月29日发布的《2018中国本地生活服务O2O行业分析报告》（易观国际，2018）显示，2017年中国本地生活O2O整体市场规模达9992.1亿元，较2016年增长71.5%。图1.4展示了自2014年以来，国内本地生活服务O2O市场的发展异常迅猛。不断扩大的O2O市场规模反应出消费者对O2O商务模式的接受程度日益增长，O2O已经逐渐融入消费者的日常生活，发展为一种常态的、可持续的商务模式。

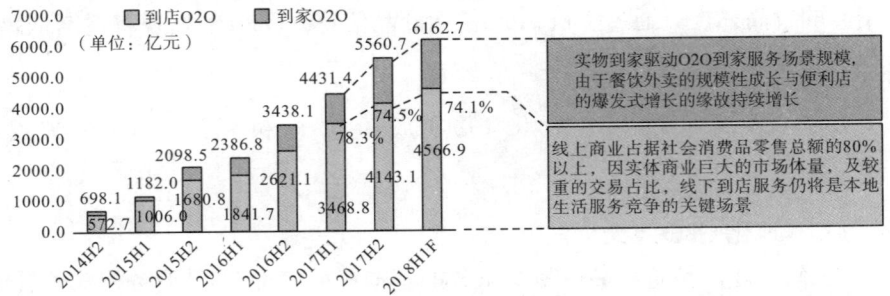

图 1.4 中国本地生活服务 O2O 市场规模【来源：易观国际（2018）】

（2）O2O 线下体验方式打破单一性。

在 O2O 发展初期，线下体验方式只有单一的"到店消费"。如今，O2O 的线下体验方式早已打破单一性，如餐饮外卖（如饿了么）、生鲜超市（盒马鲜生）等提供实物到家；上门洗车（呱呱洗车）、上门保洁（阿姨帮）等提供服务到家。此外，共享单车（如 ofo、摩拜），共享出行（滴滴、Uber）等模式已经出现在 O2O 市场，引领 O2O 的纵向发展和变革。

所以目前，O2O 的线下体验方式除了"到店体验"之外，还有"到家体验"等方式。虽然"到家 O2O"的市场规模一直持续增长，但是国内知名资讯公司易观国际的数据分析结果表明（易观国际，2018），"到店 O2O"的市场规模仍然远远超过"到家 O2O"。"到店 O2O"仍然是本地服务零售企业重点关注并尽力争夺的市场对象，因此，本书选择以"到店 O2O"为研究对象。

（3）粗放型团购向可持续型团购成功转型。

在我国团购行业陷入低迷之后，2013 年，中国互联网几大巨头注资进入，团购行业开始复苏。目前，市场上存活的团购 O2O 企业都已经完成了由粗放型向可持续型的转型。如今，团购行业已然成为新美大、百度糯米、阿里口碑三雄并立的格局。由此可见，粗放型团购已经消失，取而代之的是可持续型团购。

本书将可持续型团购定义为服务本地化生活服务市场的团购优惠券营销。顾客先在线上购买团购优惠券，然后再到企业实体门店通过兑换团购优惠券提取商品或享受服务。与粗放型团购不同，可持续型团购不再以成本竞争为主，除了价格歧视作用之外，企业还同时利用团购优惠券的广告作用且注重顾客体验,从而吸引新顾客并提高顾客回购率。

(4) O2O牵手地理位置服务LBS。

定位目标顾客的实时地理位置已经被实现。一方面,在移动互联网环境下,日益成熟的地理位置识别技术以及地理围栏技术,将基于LBS的营销服务水平提升至一个新的高度;另一方面,大多数消费者对基于地理位置的服务持积极态度,只有少部分消费者因为隐私安全等担忧拒绝分享自己的地理位置信息。咨询公司TNS早在2012年4月的研究结果中表明(TNS, 2012):在全球尚未使用基于定位的服务的手机用户中,有超过60%的人希望自己能开始使用这类服务。而在中国,希望使用此类服务的手机用户的比例更高,达到71%。中国腾讯科技公司在2017全球合作伙伴大会上披露,腾讯位置服务每天已经有超过550亿次的定位调用量和8亿的用户量(腾讯科技,2017)。可见国人已经逐渐接受基于LBS的服务。

基于LBS的精准营销在发达国家的发展非常迅速,对目标顾客精准地推送个性化广告信息的O2O营销效果也非常明显。Carroll(2017)提出,因为拥有准确的位置数据、准确的行为数据、准确的跟踪数据以及足够的个性化等优势,基于顾客地理位置推送至顾客移送手机的广告能够充分吸引众多顾客的眼球。

根据BIA/Kelsey公司预计,到2020年,美国企业对于移动定位推送广告的支出将达到29.5亿美元(BIA/Kelsey,2016)。艾瑞咨询(2017)发布的《2017中国网络广告市场年度监测报告》显示,2016年中国移动广告市场规模达到1750.2亿元,同比增长率为75.4%。国内外企业大幅增加基于LBS的广告支出表明,基于LBS的O2O营销模式拥有良好的市场前景,也将成为各大O2O企业的核心业务。

我国基于LBS的精准营销正处于起步阶段,相对滞后于发达国家。但是其发展前景已得到国内O2O业界的充分肯定和认识,并已经被运用于实践,广大消费者也开始接受并使用基于LBS的优惠券。如零售企业通过支付宝App向用户提供的"附近特惠"等功能。

1.1.3.4 本研究切合我国O2O当前发展阶段的核心主题

图1.5展示了本研究在我国O2O发展历程中的定位。本书的两个研究对象团购优惠券营销和移动目标营销均处于我国O2O发展历程中的第三阶段。前者是本地化O2O的一种常态营销模式,后者是本地化O2O的一种新兴营销模式且具有良好的发展前景。

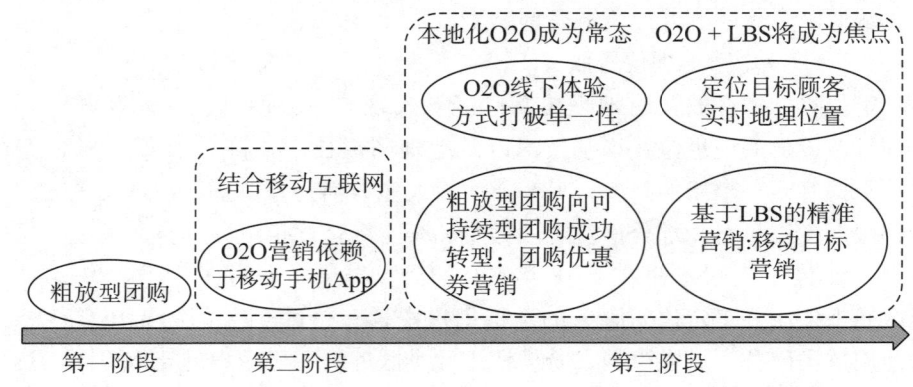

图 1.5　本研究在 O2O 的发展历程中的定位

在手机用户对本地生活服务类 App（如新美大、百度糯米、阿里口碑）的黏性日益增加的今天，虽然团购优惠券已成为本地化 O2O 的一种常态营销模式，但其盈利水平仍然需要得到关注，特别是团购优惠券将常规顾客转化为团购顾客降低了企业利润等问题，更不容被忽视。因此，本书旨在研究如何利用团购优惠券的兑换限制条件帮助企业对顾客实施价格歧视，提出团购优惠券的最优设计，以切合本地化 O2O 可持续发展的需要。

此外，随着腾讯、百度、谷歌、雅虎、Facebook 和 Twitter 等互联网巨头的参与，LBS 的市场规模迅速扩大。根据瑞典市场研究公司 Berg Insight 预测，"全球 LBS 市场规模将以 22.5% 的复合年增长率（CAGR）从 2014 年的 103 亿欧元，增加至 2020 年的 348 亿欧元"（Berg-Insight，2015）。可见，基于 LBS 的精准 O2O 营销已经开始在全球范围内迅猛发展，但是对应的理论支撑却相对缺乏。国外文献多是基于实证及实验方法的研究，相关理论研究则很少。移动目标营销在我国暂时处于起步阶段，相应的国内文献更是寥寥无几。本书选择基于博弈理论研究移动目标营销不仅弥补了文献方面的不足，也切合 LBS 市场的发展需要。

1.1.4　研究 O2O 营销决策的必要性

1.1.4.1　研究盈利条件有利于团购优惠券营销持续发展

由美团点评联合首席餐饮经管自媒体"餐饮老板内参"于 2017 年 5 月 10 日发布的《消费新升级，餐饮新主场：中国餐饮报告》（美团点评，2017）中强调，"从美团点评线上新增收录率和停止收录率来看，高开店率、高淘汰率成为行业新常态。从来没有哪个时代的餐饮业像今天这样竞争激烈、快进快出"。

以上报告中的失败案例表明，团购优惠券作为一个营销工具存在不足。学者 Dholakia（2010）、Dholakia（2011）、Jessie（2010）、Gupta 等（2012）、Song 等（2016），以及 Edelman 等（2016）提出，团购优惠券存在非盈利、无法吸引新顾客、回购率低、影响顾客忠诚度等问题。学者孙涵（2015），唐尧和马士华（2015），以及范丽繁和王满四（2016）提出，合理制定团购营销决策是企业需要考虑的首要问题，且团购营销决策的可持续性也迫切需要得到关注。

团购优惠券 O2O 营销无疑为本地服务零售企业带来了福音，但是也可能在一定程度上加剧本地服务零售业的价格竞争。因此，企业是否能够合理设计团购优惠券，以及合理选取长、短期团购优惠券营销，均直接影响其盈利水平。由此可见，本书选择对团购优惠券营销盈利条件进行研究是非常有必要的，企业可以根据盈利条件判断是否采取团购优惠券营销。

1.1.4.2 基于顾客易用感知研究团购优惠券设计有利于企业实施价格歧视

登录团购网站的网页，顾客们很容易在团购优惠券的"温馨提示"或者"使用规则"中发现团购优惠券的各种兑换限制条件，比如某餐厅的团购优惠券的"使用规则"要求每桌限用一张、只限店内用餐、法定节假日不能使用、特色菜不能使用等（Groupon.com，2015a）；某按摩中心的团购优惠券的"使用规则"要求只能一人使用、需网上预约、取消需提前 24 小时且收取手续费等（Groupon.com，2015b）。总之，团购优惠券的兑换限制条件会影响顾客对团购优惠券的易用感知程度。

易用感知程度是技术接受模型（Davis，1989）的一个重要因素，技术接受模型曾被很多学者应用于手机移动优惠券的研究（Im 和 Ha，2013；Ha 和 Im，2014；Jayasingh 和 Eze，2009）。虽然团购优惠券可以为顾客节省经济开支，但是商家附加在优惠券中的各种兑换限制条件却会使顾客消耗额外的精力以及时间成本。兑换限制条件越严格，顾客为了兑换优惠券所花费的额外精力和时间则越多，部分顾客便会选择放弃兑换优惠券。团购优惠券的兑换限制条件给顾客带来的各种不方便导致顾客的易用感知程度较低，如此则势必降低顾客的消费者效用，从而对顾客的购买决策产生负面影响。

站在零售企业的运作管理角度，合理利用顾客的易用感知程度有助于企业实施价格歧视，即促使高估值顾客选择门店消费并放弃使用团购优惠券，促使低估值顾客从不消费转化为团购消费。多数关于易用感知程度的文献都是定性研究，本书将兑换限制条件对顾客购买行为的影响量化为顾客对团购优惠券的感知易用程度，不仅具有一定的创新性，也具有一定的实践指导意义。

1.1.4.3　研究移动目标营销决策，为迅猛发展的 LBS 市场提供理论支撑

市场调研公司 eMarketer（2018）指出，消费者越来越愿意分享其位置信息，从 2017 年到 2022 年，预计美国公司在移动定位广告方面的支出将增加一倍以上。营销人员应该对如何适当使用用户地理位置数据这一问题有很好的理解，并据此制定适当的营销决策。随着顾客对移动目标营销接受程度的不断提高，以及企业对移动目标营销资金投入的不断增加，移动目标营销在实践过程中迫切需要相应的理论支撑。

移动目标营销 O2O 已经受到越来越多学者的关注，大量文献也从实证角度出发，证明了移动目标营销的有效性。通过向顾客的移动手机发送广告信息，Luo 等（2014）分析了时间和地理位置两个因素对销售量的影响。Andrews 等（2015）发现，顾客在拥挤环境下对含有营销信息的手机短信息的反应更为积极，因此建议零售商在制定营销决策时，不能忽视顾客周边环境的拥挤程度。Fong 等（2015）探索了在竞争环境下移动手机短信息营销的盈利性，并提出零售商增加利润的条件。以上文献均证实，零售商可以在适当条件下利用移动目标营销获取更多利润，但实际上，从理论角度出发证明移动目标营销盈利性的文献却很少。本书选择基于博弈理论研究移动目标营销具有一定的创新性，同时也弥补了这方面文献的不足。

1.1.4.4　指导企业在移动目标营销中用好顾客摘樱桃行为这把"双刃剑"

顾客摘樱桃行为会削弱商品统一价格的主导作用，所以传统观点认为，顾客的摘樱桃行为只会产生负面效应。但是学者 Drèze（1999）提出，在竞争环境下，顾客的摘樱桃行为虽然降低了商品的边际利润，但同时也可以防止顾客被竞争对手"偷走"。Gauri 等（2008）和 Talukdar 等（2010）也表明，摘樱桃行为对零售商的正面及负面影响同时存在，建议零售商应该考虑如何用好这把"双刃剑"。

摘樱桃行为是顾客的一种理性经济行为，而在移动互联网背景的 O2O 模

式下，高度透明的买卖双方信息更难阻止顾客摘樱桃。随着移动互联网的发展，产生摘樱桃行为的"策略型顾客"会越来越多，所以顾客的摘樱桃行为是O2O决策者们不能忽视的问题。此外，摘樱桃行为在O2O模式下是否是把"双刃剑"还需要得到验证，以及如何利用也是决策者们需要进一步思考的问题。因此本书考虑顾客的摘樱桃行为研究移动目标营销决策是非常有必要的。

1.1.4.5 在顾客移动可及率不对称的竞争环境下研究移动目标营销决策更具有实践指导意义

有的顾客出于隐私安全方面的考虑，并不愿意分享自己的位置信息。所以能通过移动手机获得商品折扣信息的顾客人数比例——顾客移动可及率对移动目标营销效果的影响是不可忽视的。

零售商可通过投资开发手机App或者有偿使用第三方手机App向目标顾客推送营销信息，且基于App提供的数据估计顾客移动可及率。如电商"京东"在年度财务报表中披露2014—2017年移动终端App的订单量分别占订单总量的36%（JD 2014）、61.4%（JD 2015）、78.3%（JD 2016）和80%（JD 2017），则京东可根据以上数据估计各年的顾客移动可及率。

由于运作成本、管理机制等多方面的内部原因，两竞争企业的顾客移动可及率很难处于对称状态，所以本书在顾客移动可及率不对称的竞争环境下研究竞争优、劣势企业的均衡决策具有一定的实践意义。

1.2 研究内容和研究意义

1.2.1 研究内容

在对国内外相关领域研究成果进行梳理的基础上，本研究主要围绕两种O2O营销模式展开：交易型衍变模式下的团购优惠券营销和顾问型模式下的移动目标营销。团购优惠券营销和移动目标营销皆处于我国O2O第三发展阶段，前者已经成为本地服务零售市场中一种常态、可持续发展的O2O模式，后者是已经开始被零售企业应用于实践、具有良好市场前景的新兴O2O模式。

为了帮助本地服务零售企业合理制定O2O营销决策并提高利润，本书的具体研究内容如下。

(1) 关于团购优惠券营销。

基于顾客易用感知程度，研究团购优惠券的兑换限制条件对顾客购买行为的影响，同时考虑折扣价格以及兑换限制条件苛刻程度两个因素，研究团购优惠券的设计。设计合理的团购优惠券不仅可以吸引新顾客，也能够实现企业对高估值、低估值顾客的价格歧视，从而提高团购优惠券营销的盈利水平。此外，本书会进一步讨论团购优惠券营销的可持续性，在分别考虑顾客对团购优惠券的兑换限制条件产生的易用感知程度具有同质性和异质性的情况下，分别比较长、短期团购优惠券的营销盈利水平。

(2) 关于移动目标营销。

在移动目标营销的过程中考虑顾客的摘樱桃行为，分析企业如何基于LBS把对的商品折扣信息推送给对的顾客。本书在顾客移动可及率（能通过移动手机获得商品折扣信息的顾客人数比例）不对称的竞争环境下研究"允许顾客摘樱桃"及"限定顾客位置"两种移动目标营销，分别求出竞争企业在两种移动目标营销中的均衡定位、定价决策。比较两种移动目标营销的盈利水平，并进一步探索顾客摘樱桃行为对企业利润的影响，以及讨论竞争劣势企业如何正确应对竞争优势企业的营销决策。

1.2.2 研究意义

本书基于顾客的感知和行为研究O2O决策，具有显著的理论实践意义。具体表现在以下三个方面。

(1) 弥补基于顾客感知和行为的O2O决策研究的不足。

随着经济的发展和移动互联网的普及，O2O作为一种新兴电子商务模式虽然得到迅猛发展，但越来越多的O2O营销失败案例表明，O2O的发展迫切需要一定的理论支撑。目前已有较多文献研究顾客的易用感知程度对其接受采纳O2O商务模式意愿的影响，如Jayasingh和Eze（2009），Im和Ha（2013），Ha和Im（2014），乔艳和陇小渝（2016），张亚峰（2016）等；而利用顾客易用感知程度做出最优O2O决策的定量研究却很少。另外，关于移动目标营销的实证研究较多，如Spiekermann等（2011）、Hui等（2013）、Luo等（2014）、Andrews等（2015）和Fong等（2015）；而基于博弈理论建立模型的研究较少，如Chen等（2015）。基于此，本书的研究有利于弥补当前这方面理论研究的不足。

(2) 为O2O决策的定量研究提供新的视角。

O2O即Online to Offline（线上到线下），是一种将线下需求与互联网相结合的新兴电子商务模式。顾客的线下体验是 O2O 无法分割的一部分，所以企业在制定 O2O 营销决策时，不应忽视顾客的感知和行为。本书通过在理论模型中量化顾客的易用感知和摘樱桃行为，从理论上拓宽了 O2O 决策的研究视角。

（3）为企业的 O2O 决策提供量化的指导意见。

考虑到市场竞争环境以及消费者感知和行为等具体因素，本书综合利用经济学原理和博弈理论，研究团购优惠券营销和移动目标营销两种 O2O 模式。通过求出理论模型的封闭解，提出 O2O 最优决策的显示表达式，如此则易于被企业决策者理解并应用于实践。

（4）证实交叉领域研究的必要性和有效性。

本书利用运营管理的理论方法来研究企业的营销决策，对扩展运营管理和市场营销交叉领域的研究做出了一定理论贡献。研究表明，基于运营管理的研究方法在模型中量化市场竞争环境和顾客感知、行为因素是切实可行的，模型结果的显示解为零售企业科学地、合理地设计团购优惠券以及制定移动目标营销决策提供了简明清晰的参考意见，进一步证实了跨学科、跨领域研究的必要性和有效性。

1.3 研究方法、结构安排与研究创新

1.3.1 研究方法与技术路线

本书的研究方法主要有以下三种。

（1）文献研究。

对相关研究领域的研究成果、观点以及存在的问题进行了详细的整理和分析，从而确定了研究主题和技术路线，以凸显本书的研究意义。

（2）数学建模。

主要基于决策优化理论和博弈理论建立数学模型，模型的建立与拓展是本书研究的基础，将顾客的感知和行为量化在数学模型中是研究的关键。

在基于顾客易用感知研究团购优惠券的营销决策时，根据顾客的易用感知程度刻画商品需求，再以企业利润最大化为目标函数建立模型，根据极值理论凸分析并证明解的存在性和唯一性，以及根据一阶最优条件求出最优解。在基于顾客摘樱桃行为研究移动目标及营销决策的过程中，利用博弈理论建立两企业的竞争模型，并根据顾客的摘樱桃行为刻画决策变量的约束条件。根据有约

束条件极值理论凸分析证明解的存在性及唯一性，根据一阶最优条件和KKT条件求出决策变量的均衡封闭解。

（3）数值模拟实验。

经过理论推导得到相关O2O决策之后，对模型中所涉及的参数进行赋值，从而开展数值实验。一是检验所得模型理论结果的正确性，二是通过对参数的敏感性分析反映顾客的感知和行为对企业O2O决策的影响。

本书的技术路线如图1.6所示。

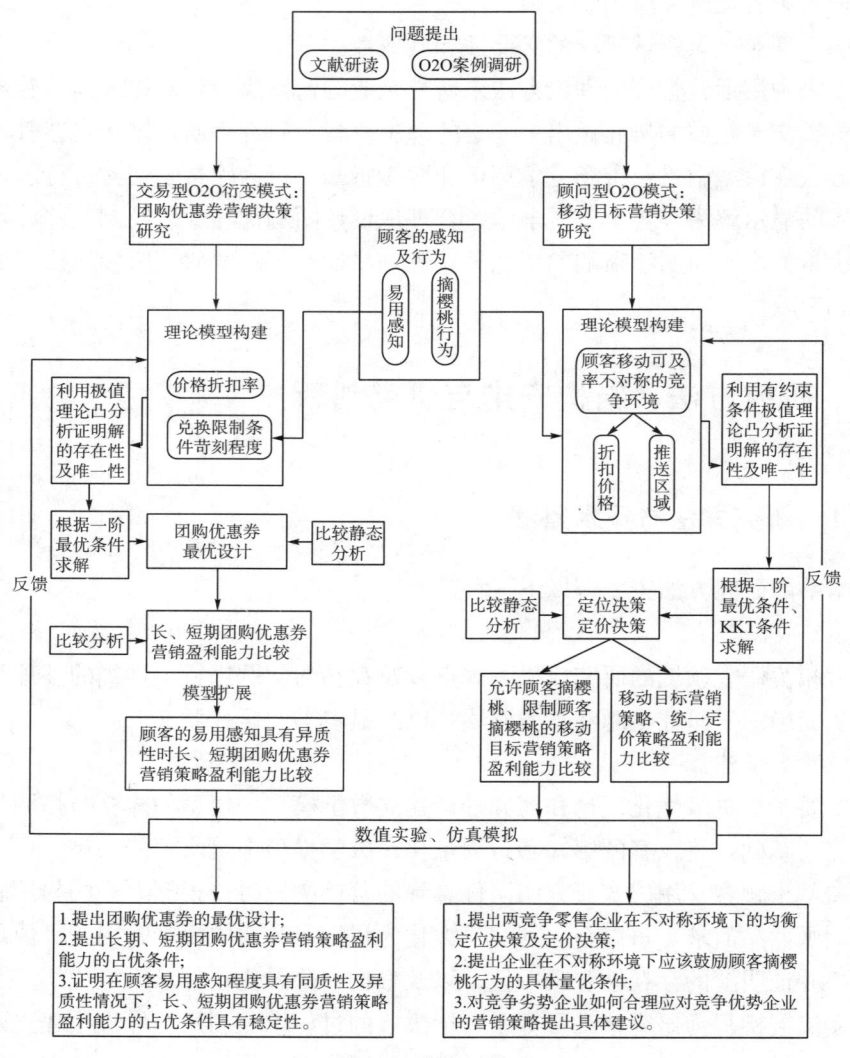

图1.6　技术路线

首先分析 O2O 的研究背景及发展现状，确定研究主题。

关于团购优惠券 O2O 营销决策的研究思路如下，将兑换限制条件对顾客购买行为的影响量化为顾客对团购优惠券的感知易用性程度，然后建立优化模型，讨论零售商应该如何设计团购优惠券。基于团购优惠券的兑换限制条件对顾客购买意愿产生的负面影响，在消费者效用函数中引入一个新的变量，代表顾客对团购优惠券的易用感知程度。将顾客的易用感知程度和团购优惠券的价格折扣率同时作为零售商的决策变量，以企业利润最大化为目标函数建立模型，根据极值理论凸分析证明解的存在性和唯一性，再根据一阶最优条件求出决策变量的封闭解，根据封闭解提出最优的团购优惠券设计。顾客对团购优惠券的感知易用程度作为一个数值指针，直接反应兑换限制条件的苛刻程度，企业可以根据这个数值指针设计团购优惠券的兑换限制条件。最后，考虑顾客对团购优惠券的兑换限制条件产生的易用感知程度具有同质性和异质性两种情况，分别求出长、短期团购优惠券营销的利润占优条件。

关于移动目标营销 O2O 决策的研究思路是在移动目标营销的研究过程中考虑顾客的摘樱桃行为，分析企业如何基于 LBS 把对的折扣信息推送给对的顾客。分别在移动可及率不对称的竞争环境下分析两竞争企业的均衡决策，利用博弈理论建立两企业的竞争模型，并根据顾客的摘樱桃行为刻画决策变量的约束条件。基于有约束条件极值理论凸分析证明解的存在性及唯一性，再根据一阶最优条件和 KKT 条件求出决策变量的均衡封闭解，根据均衡解提出竞争企业的最优定位及定价决策。比较"允许顾客摘樱桃"及"限定顾客位置"两种移动目标营销的盈利能力，讨论零售商是否应该鼓励顾客的摘樱桃行为。

1.3.3 结构安排

如图 1.7 所示，全书分为五章，各章节内容安排如下：

第一章为绪论。绪论部分说明了本书的选题背景和目的，强调了选题的必要性，介绍研究内容以及技术路线，并陈列了整体的章节安排以及框架结构。第二章为相关文献综述。对相关研究领域的研究成果、观点以及存在的问题进行了详细的整理和分析，从而凸显本书的研究意义。第三章基于团购优惠券的兑换限制条件，利用顾客的易用感知程度研究团购优惠券的最优设计，并讨论零售商应当如何在长期、短期团购优惠券营销中做出合理选择。第四章在顾客移动可及率（能通过移动手机获得商品折扣信息的顾客人数比例）不对称的竞争环境下，考虑顾客的摘樱桃行为，研究竞争企业的移动目标营销决策。第五章为结语，对主要结论进行总结并列出本书的局限性以及未来的研究方向。

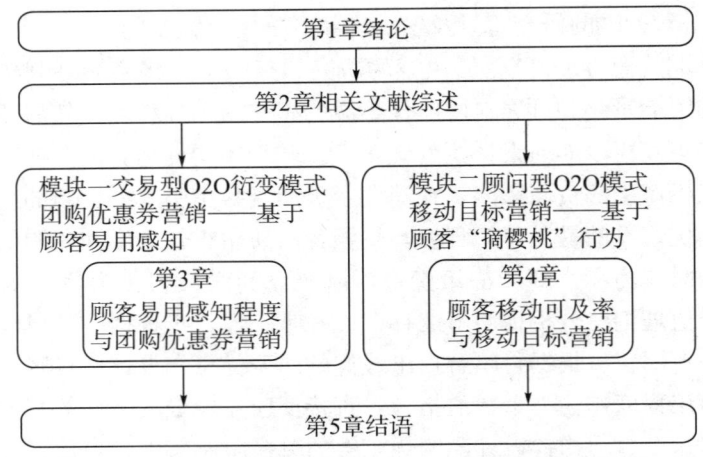

图 1.7　本书结构

1.3.3　研究创新

本书的创新之处主要有以下几个方面。

（1）模型理论创新。

同时考虑价格折扣率以及兑换限制条件的苛刻程度，提出团购优惠券的最优具体设计方案。

不同于大多数文献的定性研究，分别考虑不知情顾客（对企业及其商品一无所知的顾客）为高估值（对商品的初始估值高于商品原价）以及低估值（对商品的初始估值低于商品原价）类型两种情形。

在不知情顾客为高估值类型的情形中，企业应该设计苛刻的兑换限制条件，从而降低顾客的易用感知程度，直到顾客的易用感知程度低于价格折扣率，以保证不知情顾客放弃团购而选择门店消费。在不知情顾客为低估值类型的情形中，团购优惠券最优设计方案只有在不知情顾客的比例超过一定阈值时才存在，否则企业不应提供团购优惠券。且最优设计方案显示，在该情形下，企业应该设置较为宽松的兑换限制条件以提高顾客的易用感知程度，直至高于价格折扣率，从而将不知情顾客转化为团购顾客。

通过比较长、短期团购优惠券营销的利润水平，提出长、短期团购优惠券营销的利润占优条件，并证明该条件在顾客的易用感知具有同质及异质性时存在稳定性。

当不知情顾客为高估值类型时，长、短期团购优惠券营销对企业利润的影响无差异。当不知情顾客为低估值类型时，长、短期团购优惠券营销的盈利水平皆与一个特殊比值有关,即提供团购优惠券引起的单位损失与商品原价带来的边际利润之比。结果表明,企业应根据该特殊比值的取值范围确定长、短期提供或者不提供团购优惠券营销。

若特殊比值不超过长期团购优惠券在第二阶段引起的额外需求量与第二阶段的团购总需求量之比,则长期团购优惠券营销优于短期营销;若特殊比值的取值增加,但不超过短期团购优惠券在两阶段引起的额外需求量与两阶段的团购总需求量之比,短期团购优惠券营销优于长期营销;若特殊比值的取值继续增加,则企业不应采取团购优惠券营销。

在分别考虑顾客的易用感知具有同质性及异质性的情况下,证明长、短期团购优惠券营销的利润占优条件相同,即具有稳定性。

(2) 应用创新。

本书基于博弈理论,将 Hotelling 模型应用于研究企业的移动目标营销决策,提出了竞争企业在移动目标营销中的均衡定位及定价决策。

不同于大多数文献的实证研究,本书通过建立理论模型来研究竞争企业的移动目标营销决策,根据模型结果,在定位决策中指导企业是否应该将折扣信息推送给竞争对手附近的顾客,在定价决策中指导企业优化商品价格。不恰当的定位决策会引起恶性的价格竞争并降低企业利润。结果表明,两企业的竞争能力越接近,均衡定位决策显示推送折扣信息至对手附近顾客的可能性越小;反之,拥有竞争优势的企业推送折扣信息至对手附近顾客的可能性越大,而竞争劣势企业为了挽回利润损失,也只能采取相同的定位决策。定价决策表明,竞争企业在移动目标营销中的均衡折扣价格除了受到顾客单位交通成本的影响,还与顾客移动可及率等诸多因素密切相关。

在不对称竞争环境下应用 Hotelling 模型研究移动目标营销的盈利性,并进一步分析竞争劣势企业应如何应对竞争优势企业的营销决策。

与已有文献在对称竞争环境下进行研究不同,本书则在不对称环境下展开移动目标营销研究。

在顾客移动可及率不对称的竞争环境下:

若企业采取"限定顾客位置"的移动目标营销,竞争劣势企业(顾客移动可及率较低)应将其顾客移动可及率至少提高至 1/2,以促使竞争优势企业(顾客移动可及率较高)采取保守型定位策略(即不推送折扣信息至对手附近的顾客),从而减少利润损失。

若企业采取"允许顾客摘樱桃"的移动目标营销,竞争劣势企业应尽可能地提高其顾客移动可及率,直至与竞争优势企业相当,只有如此,才能促使竞争优势企业采取保守型定位策略。

(3) 实践创新。

与传统观点认为顾客摘樱桃行为对企业利润只存在负向影响不同,本书的模型结果证明,顾客的摘樱桃行为在移动目标营销中对企业利润同时产生正、负向影响,并为企业如何合理利用顾客摘樱桃行为的正向作用提供实践指导。在顾客移动可及率不对称的竞争环境下,顾客摘樱桃行为对企业的正向作用是抵抗竞争对手将其附近顾客的"偷走",即避免竞争对手推送折扣价格给自己附近的顾客;负向作用则是降低了企业的平均边际利润。结果显示,当顾客的单位交通成本满足一定条件时,企业应该鼓励顾客摘樱桃,因为顾客的摘樱桃行为能够提高企业利润。

2　相关文献综述

结合本书的研究主题，如图 2.1 所示，首先从 O2O 发展的相关研究、团购优惠券营销相关研究、移动目标营销相关研究三个方面梳理相关文献，然后总结已有文献的不足以及本书与已有文献之间的关系。

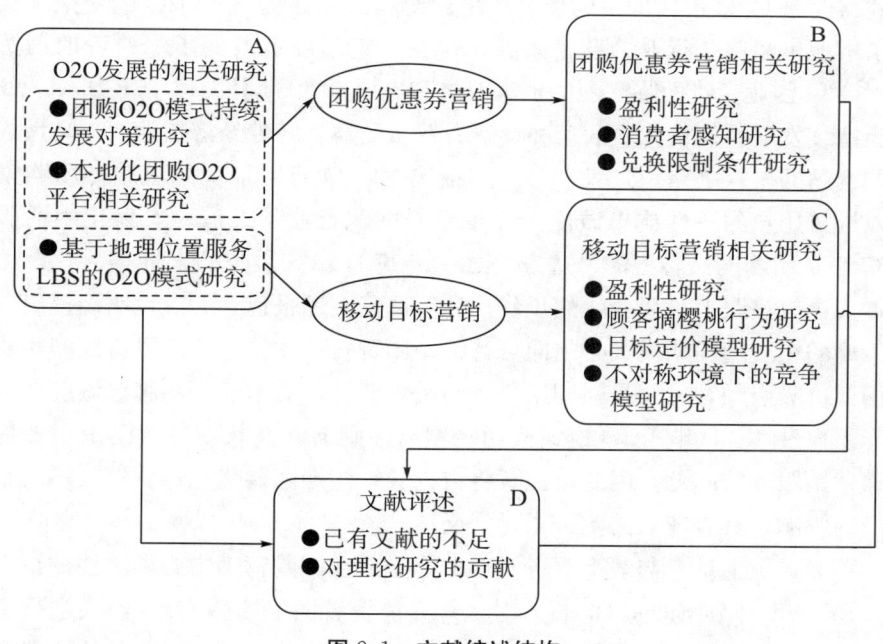

图 2.1　文献综述结构

2.1 O2O 发展的相关研究

2.1.1 团购 O2O 模式持续发展对策研究

经过详细梳理，本书将已有文献提出的团购 O2O 模式持续发展的对策归纳为六个方面。

第一，从粗放型向可持续型转变是团购模式的存活之路。庞博（2015）指出，向本地化生活服务市场扩展是实现团购可持续发展的重要方向，虽然在 O2O 初期，粗放型团购模式已经江河日下，但如果利用得当，可持续型团购模式将会是 O2O 市场的一匹黑马。王翠森（2014）提出，O2O 的繁荣不仅改变了本地生活服务行业的营销模式，也在一定程度上改变了消费者的消费习惯。O2O 创业者将面临激烈的资本对抗和完成 O2O 闭环的竞争压力，O2O 的健康持续发展将使得优质商家和消费者双重受益。随着经济的发展，转型成为团购网站的生存之路。张毅（2015）指出，O2O 初期呈现的粗放型团购模式难以维持用户的黏性或忠诚度，严重阻碍网购行业的发展。本地化生活服务 O2O 正是团购网站转型的可选方向之一。基于 LBS 服务的大数据时代，团购的转型更应该跟上时代变化的步伐。江苏商论主题报道（2017）明确提出，低价策略的粗放型团购模式必须向可持续型团购转型才能存活。可持续型团购不再用低价吸引顾客，而是强调用户体验的重要性，力争建立品牌忠诚度，从而培养用户黏性。团购 O2O 模式成功转型后，则会涉及长期持续向消费者提供团购营销服务的问题，因此第三章将讨论长、短期团购优惠券营销策略对企业利润的影响，具有较强的实践指导意义。

第二，线上信息与线下服务不对称是企业在团购营销中必须关注的重点问题。Erdogmus 和 Çiçek（2011）对土耳其消费者网上团购 O2O 模式进行了较为全面的分析和研究。结果表明，消费者的购买决策主要取决于价格优势和折扣金额。另外，消费者会抱怨零售企业在提供服务时的歧视和不诚实行为。由此可见，线上线下信息的不对称不利于团购模式的持续发展。吕文龙（2011）强调，O2O 虽然在美国的发展如鱼得水，但是薄弱的服务业根基和不完善的理论体系使得中国的 O2O 之路注定不会平坦。他指出，线上交易与线下服务同步提升是 O2O 发展的核心问题，并建议团购网站结合本地化生活服务，以探索新的 O2O 模式，发展商品的多样化。苏磊（2012）表示，团购网站是以提供服务为主的 O2O 模式的典型代表，于 2011 年后呈现疲软状态并逐渐没落，服务差异性大以及价格战频繁等是团购行业进入大洗牌的主要原因。他强调，团购行业的可持续发展需要构建完整的线下服务质量体系。郭静（2014）提出，拓展企业品牌、提升销售量、提高顾客再次购买率是团购带给商家的几大作用。与迅速发展的线上服务相比，线下服务明显较为滞后，所以，线下良好的服务质量和产品质量是团购持续发展的关键因素。韦荷琳等（2016）将 O2O 团购运营模式归纳为三类：单向流动模式、闭环双向流动模式以及引入第三方的 O2O 模式，团购行业发展现状属于第三种。并强调，在团购的可持续发展过程中，商家应该利用灵活的优惠措施或替代方案解决"线上信息与线下服务不匹配"的问题。如今，团购网站页面上关于团购优惠券的"温馨提示"或"使用说明"即为团购企业针对"线上信息与线下服务不对称问题"采取的有效方案之一。顾客可以根据团购优惠券的"温馨提示"或者"使用规则"中的兑换限制条件决定是否参加团购，有效减少团购线下体验的不满投诉，推进团购 O2O 的可持续发展。团购优惠券的兑换限制条件直接影响顾客的易用感知程度以及购买意向，所以本书第三章将研究企业应该如何基于兑换限制条件的苛刻程度设计团购优惠券。

第三，产品质量和服务能力是团购实现可持续发展的主要动力。李萧然（2012）提出，O2O 初期的粗放型团购模式在遭遇资本市场的寒潮之后走到了尽头，团购行业已经开始结合本地生活服务市场向可持续型团购模式转型，并且再次获得资本市场的青睐。他同时又指出，"流量、回头客以及服务"仍然是可持续型团购模式的生存条件。刘晓羽（2013）指出。团购的退潮说明，认为以低价为竞争核心的粗放型团购模式并不具有可持续性，可持续性的团购需要在质量和服务两方面下过硬的功夫才能获得消费者的长期青睐，建议结合本地化生活服务市场的可持续型团购应该确保企业对团购客户和非团购客户一视同仁。Cheng 和 Huang（2013）基于电子口碑、网络嵌入性和网站质量态度研究消费者的团购行为。分析结果表明，潜在消费者的团购意愿主要受体验式电子口碑、团购提供企业的关系嵌入性、服务质量态度等因素影响；现有消费者的团购意愿主要受团购提供企业的关系嵌入性、系统质量态度影响。此外，作者提出了一种新的电子口碑分类方法，从网络嵌入的视角探索消费者参与网络团购的意愿，拓宽了电子口碑和嵌入理论的适用性。洪国彬和廖敏（2015）基于美团网用户数据，建立了实证模型以研究 O2O 团购用户的体验影响因素。结果显示，商品特性以及商家特性是影响用户体验的关键因素，由此建议，商家在实施团购 O2O 的过程中，不仅不能忽视商品质量和经济性，也不能忽略服务态度和消费环境，强调产品质量和服务能力是团购实现可持续发展的主要动力。

第四，企业在团购营销中应该重视消费者的感知、信任度等因素。Shiau和Luo（2012）提出，消费者的满意度、信任度和卖家的创造力共同影响着消费者参与在线团购的意愿。消费者对网上团购的满意度主要来自其对零售企业以及团购平台的信任。此外，互惠性也是影响消费者选择参与团购的显著因素之一。Tingchi Liu 等（2013）的研究结果显示，三种感知利益（价格收益、便利性收益和娱乐收益）和三个信任因素（感知声誉、结构保证和网站可信度）显著正向影响消费者对在线团购的态度，所以，零售企业在设计团购机制时应考虑消费者的感知和信任度。王燕茹等（2014）基于年轻消费者的消费心理和行为，结合网络团购自身的特点，利用感知风险和技术接受模型对消费者的团购态度进行了实证分析。结果表明，年轻消费者的团购态度受到努力期望、绩效期望、感知优惠、感知成本和社会绩效的正向影响，受到感知风险的负向影响。Hsu 等（2014）研究了在线团购用户的回购行为，结果表明，用户对网站的满意度、卖家的满意度、网站的质量感知等因素均正向影响回购意向，利用团购通道吸引顾客以原价回购商品是实现团购模式可持续发展的有效措施。Che 等（2014）研究了消费者长期在团购网站参与团购的行为意愿，提出不可预测性、信任程度和个性化特性直接影响着消费者重访团购网站的意愿，研究表明，不可预测性对网站用户的重访意图具有较强的负面影响，而个性化和信任程度则有着较强的正面影响。本书将在第三章考虑团购优惠券的兑换限制条件对顾客易用感知程度的影响，研究企业应该如何做出最优的团购营销决策。

第五，通过改进盈利方式促进团购营销持续发展。Yang（2014）提出，团购作为O2O的典型代表模式，已经成为电子商务应用的热点，但是其盈利方式非常单一并且容易被复制，这将导致可持续发展能力减弱。他同时指出，组织模式和信任问题也是制约团购发展的关键，结合传统的电子商务模式，探讨了受欢迎的O2O组织模式，并分析了其局限性以及未来的发展趋势。针对用户被动参与O2O电子商务的现状，提出了一种改进的O2O电子商务模式，即引入第三方支付和信用评价平台，保证交易成功。林晓丹和宋骁（2015）提出，团购网站的盈利模式大多采用佣金制这种单一形式，限制了团购行业的发展，建议除拓展融资渠道之外，团购网站应该努力创新盈利方式，从而提高盈利水平。

第六，通过合理制定优惠券折扣价格促进团购营销实现可持续发展。赵素娟（2014）指出，团购经历了从初期的实物类团购到如今的服务类团购，本地生活服务是团购 O2O 的主要对象。基于团购行业面临的问题，建议商家合理设定促销价格，基于地理位置服务（LBS）及手机 App 发展团购。马天玲（2014）从消费者参加网络团购的消费金额、团购的消费次数以及团购的消费习惯三个方面分析了团购行业现状。研究表明，网络团购尚未占据消费者日常消费的主要份额、大多数团购客户属于轻度消费团购者、消费者的团购消费习惯有待培养，建议团购网站从提供优惠活动、制定有效打折策略以及注重品牌和质量等方面入手，推动网络团购可持续发展。王巧铃等（2015）将网络团购营销的定价策略概括如下：非对称定价策略、交叉补贴策略、差异化定价策略、特殊价格策略、折扣定价策略及品牌定价策略六种类型，建议商家不能单纯依靠折扣定价策略，用低价抢占市场，应当从加强成本管理、打造品牌形象、提高售后服务等角度促进团购 O2O 的健康发展。

上述文献对于团购的"可持续"发展提出很多了合理化的建议，本书基于以上第二、四、六类建议，将兑换限制条件的苛刻程度和价格折扣率确定为企业的两个决策变量，建立数学模型，探讨企业应该如何设计团购优惠券；并基于第一类建议，进一步讨论长、短期团购优惠券营销决策的盈利水平。

2.1.2　本地化团购 O2O 平台相关研究

团购 O2O 模式包括三个参与主体：零售企业、顾客和第三方平台。顾客与零售企业的衔接依靠第三方平台，第三方平台主要解决供需匹配、在线支付等问题，成为团购 O2O 模式不可分割的一部分。关于团购 O2O 平台的研究相对较多，本书将相关文献梳理为如下五个方面。

第一，关于 O2O 平台发展影响因素的研究。Du 和 Tang（2014）研究了中国 O2O 电子商务平台的发展状况，重点强调 O2O 模式下的离线服务质量问题是 O2O 平台健康发展的关键环节，建议参与 O2O 的零售企业从可靠性、响应性、安全性等各方面提升消费者的线下体验质量。Zhang（2014）结合 O2O 电子商务的特点、消费者的消费心理和消费者行为特征，构建基于理性行为模型理论的顾客忠诚形成机制模型，模型的相关因素包括顾客感知价值、顾客满意度、顾客信任度和顾客转换成本；通过探究影响 O2O 电子商务客户忠诚度的因素，为企业更好地制定营销决策、提高客户忠诚度提供参考和依据。Kang 等（2015）研究了转移成本对消费者对于 O2O 平台忠诚度的影响。为了提高消费者对 O2O 平台的忠诚度，建议 O2O 平台设计者注重用户搜索信息的效率，引导零售企业提供增值服务，以及通过细节提高用户的在线体验，如节日发送祝福邮件等。Xiao 和 Dong（2015）利用马尔可夫模型研究了 O2O 平台的评价管理系统，提出新系统（HSMM-RMS）能够准确、及时、动态地为 O2O 用户提供线下企业的历史评价信息，以及预测其未来的评价信息。一个真实的 O2O 电子商务平台的案例表明，该系统可以为 O2O 电子商务市场的评价管理提供现实的解决方案。Wang 等（2016）提出，消费者的团购行为主要取决于消费者与团购网站（O2O 平台）之间的关系，并开发了一种团购网站黏性模型。结果表明，关系承诺、信任和满意是黏性意向的关键决定因素，应该引起团购网站设计者的重点关注。

第二，关于百度糯米 O2O 平台的案例研究。百度糯米的前身为糯米网，糯米网隶属人人公司旗下，2010 年 6 月正式挂牌营业并于 2014 年 1 月被百度全资收购，目前已发展成为国内领先的本地生活服务 O2O 平台。李翠芝（2014）研究发现，糯米平台面临的问题包括用户中观望者多，购买者少；资金存在安全隐患；商家的广告宣传夸大其词，服务质量缩水等问题。建议糯米网提高商家诚信度、提高合作门槛、完善售后评价以及基于地理位置服务 LBS 和手机应用 App 提供更多个性化服务。王晨露（2016）以百度糯米为案例，研究 O2O 平台的定价机制，详细分析了影响百度糯米定价机制的内部因素和外部因素，建议百度糯米利用电影补贴吸引用户，以百度钱包为资金后盾打价格战。同时强调，O2O 平台之间应该避免盲目的价格竞争，以增强顾客忠诚度为主要目标。

第三，关于美团 O2O 平台的案例研究。美团网成立于 2010 年 3 月，是一家综合型本地生活服务 O2O 平台，本着"吃喝玩乐全都有"和"美团一次美一次"的服务宗旨在国内生活服务市场迅速发展。2015 年 10 月，美团网与大众点评网强强联合，成为国内 O2O 平台的重要阵地。郭顺利等（2015）以美团网某款商品的用户评论数据为例，利用加权灰色关联法建立了在线评论有用性排序模型。模型结果显示，美团网可以利用合理的在线评论排列顺序，有效地向用户传达商品、服务等诸多方面信息，方便用户做出购买决策，事实证明，丰富的信息可以明显提高用户的购物体验。薛小伟（2015）基于美团网的优势讨论美团应该如何发展实施 O2O，并对制定合理的发展策略提出了参考性意见，认为美团具有商户资源丰富、用户粘性高以及用户体验评价较好等优势，建议应该在细分服务类别、提高服务品质、优化产品使用体验、提升平台互动性以及基于后台大数据进行精准营销等方面提高 O2O 的效率。苏壬华和杨媛媛（2017）研究了美团网的发展历程、融资情况以及盈利模式，提出美团目前面临的主要问题是过于繁多的商品种类使得美团需要应付不同类别的竞争对手,容易造成融资浪费。此外,还存在与其他团购网站的同质化过于严重以及补贴过度的现象。基于此,O2O未来的发展应注意产品及盈利模式的创新,在提高顾客忠诚度的同时挖掘潜在客户。王韵娴(2017)提出,美团起家于团购,天生偏重交易属性;大众点评擅长导流,以广告宣传为主。两家合并之后,新公司"美团大众"结合两家公司的原有优势,形成了独特的商业模式,在战略方面产生了显著的协同效应,这标志着O2O行业进入了优化整合期。

第四,关于大众点评O2O平台的案例研究。大众点评是国内领先的本地生活服务信息及交易平台,也是全球第一个独立的第三方消费点评平台。目前,大众点评不仅为用户提供商品及服务信息,也提供团购、外卖等O2O交易服务。刘伟等(2016)以大众点评网上6家餐饮企业的用户点评数据为样本,对在线评论的有用性影响因素进行了实证研究。结果表明,对在线点评有用性有着显著正向影响的因素除了信息丰富性、信息可读性和点评负面性之外,还包括消费者回应以及点评者经验,证明旧评论对在线点评有用性的影响超过了新评论。刘培艳(2017)以大众点评网为案例,对O2O平台的双边市场结构、特征及其网络外部性进行了分析,指出大众点评网除了团购业务之外还拥有商户推荐业务,所以比其他团购类O2O平台更具核心竞争力,以此来论证大众点评采用非对称性定价机制的合理性。

第五,其他O2O平台案例研究。孔栋等(2015)基于美团、饿了么、美乐乐、社区001、泰迪洗涤以及滴滴打车六个案例构建了O2O模式的分类体系,提出根据供需信息匹配、产品服务交付以及业务分工三个维度,可以将O2O企业分为八个具体类型,便于O2O企业认清自身定位,明确自身产品和服务的特点。为O2O企业的健康发展提供了理论支撑。谭娟(2015)以苏宁云商、银泰商业为国内O2O典型案例,以Argos和梅西百货为海外O2O典型案例研究实体零售转型O2O模式的实践经验,提出成功的O2O应以消费者体验为核心,建议国内实体零售商在O2O转型过程中应该落实开发多渠道,建设实时共享的库存体系,以保证顾客在消费过程中的多渠道无缝衔接体验。孙继伟和孔蕴雯(2016)以饿了么、美团外卖和到家美食会为例,研究外卖O2O商业模式,分别从价值主张、目标顾客、核心能力及盈利方式四个方面对以上三家外卖O2O平台进行比较,结果表明,饿了么的特点是链接有关吃的一切商品和服务信息;美团外卖则以全方位的选择性和便利性为优势,以提高用户的品牌忠诚度;而到家美食会是以高品质、送餐、服务到家为特色,满足高端外卖市场的需求。建议外卖平台在商业发展中应该明确市场定位、区分目标顾客、进行个性化营销、实行创新盈利模式。夏清华和陈冬冬(2017)以苏宁云商、红星美凯龙、聚美优品及顺丰四家企业为案例，从新颖性、互补性、锁定性以及效率性四个方面分析 O2O 商业模式如何为这些企业创造价值，提出 O2O 商业模式的运营实施应该落足于效率的提高及成本的降低，企业应该优先提供满足市场刚性需求的商品和服务，以及锁定用户以实现规模经济。张艳（2017）以苏宁云商为案例，研究其 O2O 业务的发展创新现状，提出苏宁云商的创新举措分别体现在全渠道建设、专业类商品经营战略（如苏宁电器、苏宁母婴及苏宁超市）、提升信息技术应用、优化供应链以及加强物流建设五个方面。

上述文献表明，通过 O2O 平台采取合理措施，可以有效促进本地服务零售企业的 O2O 业务健康持续发展。为了进一步扩充团购 O2O 理论研究成果，本书拟站在零售企业决策者角度，研究企业如何合理制定团购策略，以实现团购 O2O 模式的利润最大化。

2.1.3 基于地理位置服务 LBS 的 O2O 模式研究

基于 LBS 的 O2O 商务模式，是指根零售企业据消费者的实时地理位置向其提供商品信息从而挖掘潜在顾客。例如在接收到零售企业推送的折扣信息后，顾客会产生消费意愿，经线上支付并完成线下体验。本书将从如下三个方面归纳国内外学者对 LBS+O2O 的研究成果。

第一，关于 LBS+O2O 的特征以及优势研究。

特征及优势一：基于 LBS 的 O2O 商务模式能够为消费者提供更精准、更个性化的营销服务。魏国强和刘颖（2012）提出基于 LBS 的 O2O 商务模式提供的服务比单纯 O2O 模式更智能更准确，LBS 的应用使得商家提供给顾客的信息更加个性化而不是单一的分类别的信息展示。一方面帮助顾客更准确更快捷的选择服务，另一方面可以帮助企业在最大程度上将潜在顾客转化为实际顾客。所以基于 LBS 的 O2O 商务模式将会是移动电子商务突破性的发展。郭燕萍（2016）研究了基于 LBS 的 O2O 应该如何对用户提供个性化推荐。提出同时根据零售企业和用户间的位置距离以及大数据分析结果挖掘用户的兴趣可以有效提高推送信息的精度和顾客转化率。并从用户采取数据、数据预处理、推荐算法构建和推荐效果评价四个方面架构了个性化推荐系统。将个性化推荐归纳为数据输入、计算用户与商品的位置距离并进行聚类、在每一类寻找相似用户、预测评分以及生成推荐五个步骤。为企业提供了理论上的技术支持。与传统互联网不同，移动互联网具有 LBS 的先天基因，所以能够有效带动客流量，李巧丹和王红林（2017）指出 LBS 给商家引流的背后存在巨大商机，研究了利用 LBS 在 O2O 中实施精准营销的实现路径。研究表明，准确覆盖区域性目标顾客、助力体验营销、帮助企业线下活动预热、助力跨区域营销以及发展社交功能等皆为企业可选择的精准营销路径。王颖（2017）提出，LBS 技术能够顾客带来更多优质的 O2O 服务，智能化及准确化的优势使得 LBS 的应用在移动互联网的今天得到高速发展和普及。LBS+O2O 商业模式之所以能取得成功，是因为 LBS 的定位服务功能为顾客提供的精准推荐信息大大提高了顾客满意度，激发出更多的潜在需求。

特征及优势二：基于 LBS 的 O2O 广告营销对顾客具有较高的转换率。Liu 等（2013）利用动态结构方程模型研究了基于 LBS 的广告和自动弹出式广告在 O2O 中对商品销售量的影响。研究发现基于 LBS 的广告对消费者的吸引力更强，但是自动弹出式广告对消费者留下的影响更深刻。吕芹（2014）研究了基于 LBS 的 O2O 在不同行业的应用。提出 LBS 的创新应用能够有效解决供需两方信息不对称的问题。商户基于特定时间、地点向顾客推送广告信息（包括商品及服务信息），打破传统交易方式。不仅使得潜在顾客轻松获得需要的信息，也使得商户的广告具有更高的转换率。除了餐饮行业之外，基于 LBS 的 O2O 模式在便利店、打车业务以及服装行业等本地服务市场有广阔的市场前景。王俊辉等（2014）提出 O2O 牵手 LBS 将在线流量转化为消费人流，将顾客从线上吸引到线下，引客入店。不同于传统商务模式中业务链上某一方的收益往往以另一方的利益牺牲为前提，O2O 结合 LBS 是一种全新的商务模式，可以使得企业从单赢走向多赢，即业务链上的上下游企业共同受益几乎没有输家。所以 O2O 结合 LBS 是的商务模式比其他商务模式都趋近于完美。

特征及优势三：基于 LBS 的 O2O 模式具有良好的发展空间和研究前景。Attahiru 和 Khoo−Lattimore（2015）提出基于 LBS 的 O2O 营销决策取决于个人的位置、移动互联网服务和手机。研究发现，基于位置的服务具有吸引、监控和加强客户关系的潜力。提出基于 LBS 的 O2O 营销决策特别适合旅游业。谭钧（2015）研究了基于 LBS 的 O2O 城市配送平台。研究表明 LBS 技术能够有效提升信息传达速度，优化信息与车辆之间的匹配效率。比如有效整合闲置货车的实时地理位置和货主的实时运货需求，提高货车司机及车辆碎片时间的利用率。此外，基于 LBS 的 O2O 城市配送平台不仅减少了城市尾气排放也缓和了交通拥堵，大力推进了绿色物流的发展。Bauer 和 Strauss（2016）对关于地理位置服务广告 Location−based advertising（LBA）的相关文献进行了系统的分析和评价。提出地理位置、时间、广告内容和吸引力等情境因素已经被较多学者研究。建议未来的研究应多考虑消费者行为、消费动机等行为因素。

第二，基于 LBS 的 O2O 案例研究。宋贵玉（2016）提出，基于 LBS 的 O2O 的农村物流配送有效促进了农村电商的快速发展，众所周知，"最后一公里问题"是农村电商的发展瓶颈，LBS 解决了服务对象小而分散的问题：O2O 平台利用 LBS 技术将配送信息发送给周边距离最近或顺路人群请他们帮忙运送快递，接收到信息的人可以接受任务将快递配送至指定地点后获取回报。可见 O2O 与 LBS 的结合将对农民、电商以及物流企业产生重大影响。袁擎宇（2016）针对顾客的上门换灯服务需求，设计了基于 LBS 的 O2O 换灯平台。换灯平台根据顾客地理位置、行为方式等用户数据分配顾问上门服务，然后顾客在线完成支付和评价。与传统上门换灯业务相比，基于 LBS 的 O2O 换灯平台不仅提高了企业运营效率，也提升了消费者的线下体验。

第三，制约 LBS+O2O 发展的因素研究。Yun 等（2013）提出，隐私安全是基于 LBS 的 O2O 模式所不能忽视的问题。因为基于 LBS 的手机 App 很可能会滥用用户的位置信息，给用户造成困扰。基于风险转移现象的研究，发现隐私关注度较低的用户更注重手机 App 的性能和持续使用强度；而隐私关注度较高的用户则更注重手机 App 的社会影响和使用意愿。Streed 等（2015）提出，结合 LBS 的 O2O 营销是零售企业在移动互联网时代面临的一大挑战。虽然移动用户为了从零售商处获得及时的和个性化的促销信息而同意分享其地理位置信息，但是多数用户仍然担心隐私泄露而拒绝分享自己的位置信息。因此，解决好用户的隐私担忧是 LBS 发展的前提。

以上文献表明，基于 LBS 的 O2O 比传统 O2O 更有效率，提升了消费者的消费体验并提高了企业利润。但是少有文献从企业运营管理角度研究企业是如何制定基于 LBS 的 O2O 决策的，所以本书将以此为切入点，研究零售企业的移动目标营销决策。

2.2 团购优惠券营销相关研究

2.2.1 盈利性研究

首先，我们介绍基于实证、实验方法研究团购盈利性的研究成果。Dholakia（2010）对 150 家企业的团购营销策略展开调查研究，发现仅 66% 的企业可以通过团购营销策略盈利，有 32% 的企业采用团购营销策略遭受了亏损。且遭受亏损的企业普遍给团购优惠券设定了较低的价格折扣率，但是消费者按原价再次购买产品回购率却又偏低。通过分析影响团购营销盈利能力的主要因素，发现员工满意度是影响团购营销策略盈利性的主要因素。并从长远角度进一步分析团购营销策略的可持续性，建议小型企业在营销策略中应该注重满足消费者的喜好。基于对 324 家企业的团购营销策略的盈利性调查，Dholakia（2011）发现了团购营销策略中的几个危险信号：例如，①营销策略中的折扣价格相对较低（折扣价格与商品原价的平均比值约为 35.9%），而顾客以原价再次购买商品的回购率则相对更低（平均为 19.9%）；②只有低于一半的受访企业表示今后愿意尝试类似团购等营销策略；③72.8%的企业表示会考虑更换不同的第三方平台提供团购类营销活动；④只有 35.9%的餐馆或酒吧以及 41.5%的按摩或水疗中心愿意采用团购等营销策略。总之，研究结果表明，团购营销策略的盈利水平在将来很有可能低于现状，团购营销策略对企业的吸引力也会随之减小。

  Gupta 等（2012）利用顾客以及企业的团购活动调查数据，建立模型以研究团购营销策略的盈利性，不仅考虑了团购优惠券的销售量及兑换量，还考虑了通过团购营销策略得到的新顾客对企业利润的长期影响。研究发现，团购优惠券给企业带来的投资回报差别巨大，所以企业能否通过团购营销策略提高利润并不确定。但是研究结果确定了一些可靠的团购盈利性预测指标如企业的业务类型，相比之下，水疗等服务企业比餐饮类企业更加适合采用团购营销策略。同时为企业采取团购营销提供了一系列建议。Song 等（2016）对韩国团购顾客的消费面板数据进行了实证研究，分析团购营销策略的两个主要特征（最低团购成交量以及团购优惠券兑换期限）是否有助于团购营销策略取得成功。研究发现，企业对最低团购成交量的限制不一定能够提高销售量，反而阻碍了新顾客决定即时参加团购。研究还发现，对优惠券兑换期限的限制条件会使得新顾客的兑换行为更加积极，这会给小型企业带来交付商品的压力。并进一步提出取消最低团购成交量，以及改变团购优惠券的兑换方式是提高团购营销盈利水平的可行方案。李政（2015）基于大众点评网 2000 余条餐饮类团购消费数据，对影响团购优惠券销售数量的因素进行了回归分析。研究表明，与团购优惠券的价格折扣率相比，顾客对团购优惠券的降价金额更加敏感，所以建议商家在团购优惠券上注明具体的降价金额，这比在团购优惠券上注明降价的百分比折扣率更容易增加销售量。此外研究结果表明，评价数量越多、评分越高的团购优惠券销售量越高，且知名企业不需要过分依赖降低团购优惠券折扣率的方式来提高销售量。基于价格变动对消费者的吸引作用，徐青等

（2016）在动态定价模式下设计了网络团购行为实验，研究价格比较和控制感对消费者团购行为的影响。实验结果表明，当价格快要下降时，控制感越强则对消费者的吸引力越大，团购营销的盈利水平也越高。

其次，我们将基于理论模型研究团购盈利性的文献梳理如下。Lu 和 Moorthy（2007）研究了优惠券营销以及返利营销策略，并将两者的盈利水平进行对比。研究发现，当顾客对商品的保留价格与兑换优惠券或返利的成本之差较大时，返利营销的盈利水平较高；反之，顾客对商品的保留价格与兑换成本之差较小时，优惠券营销的盈利水平较高。建议企业根据实际条件制定营销策略。Jing 和 Xie（2011）考虑到顾客间的信息交流对团购营销活动的影响，即为了使团购营销活动中的总销售量达到商家设定的下限，参加团购活动的顾客会主动向未参加团购的顾客扩散营销信息。基于信息共享效应建立模型研究团购营销策略的盈利性，并分别与传统个人销售策略以及推荐奖励策略的盈利性做了对比。提出当顾客间的信息交流具有较高效率且新旧顾客之间的信息量差距不是很大也不是很小时，团购营销策略的盈利性优于传统个人销售策略；当顾客间的信息交流效率较高或者新顾客对商品估值偏高时，团购营销策略的盈利性优于推荐奖励策略。刘忠轶等（2013）从顾客兑换团购优惠券的时间以及团购券价格两个角度出发，建立了斯坦伯格博弈模型。其中企业为领导者，顾客为追随者。以实现企业在团购营销策略下的利润最大化为目标，提出顾客兑换团购优惠券的最优时间以及团购优惠券的最优价格。且证明顾客兑换团购优惠券的最优时间会随着兑换期限的延长而推后，且团购优惠券的最优价格会随着兑换期限的延长而上升。

李帅鹏等（2015）通过建立由单个企业以及单个团购网站之间的斯坦伯格博弈模型，以利润最大化为目的，对团购网站的退款策略进行了研究。综合考虑顾客的消费者权益保护意识程度、到期未兑换团购券的顾客人数比例、以及顾客对团购网站不退款行为的敏感程度几个因素，比较到期未消费不退款策略和到期未消费予以退款策略的优劣。结果表明：①当到期未兑换团购券的顾客人数比例较小时，团购网站应该提供未消费退款服务。②当到期未兑换团购券的顾客人数控制在一定范围内，且顾客对团购网站不退款行为的敏感程度较高时，团购网站应该提供未消费退款服务；顾客对团购网站不退款行为的敏感程度较低时，则团购网站应采用不退款策略。③当到期未兑换团购券的顾客人数控制在一定范围内，且顾客对团购网站不退款行为的消费者权益保护意识程度较高时，团购网站应该提供未消费退款服务；若消费者权益保护意识程度较低，则团购网站应该应采用不退款策略。唐尧和马士华（2015）以团购优惠券价格以及团购营销持续时间为决策变量，建立优化模型讨论如何实现商家利润的最大化。将市场细分为时间敏感型市场和顾客异质性市场，通过求解优化模型分别得到每种市场类型中的团购优惠券最优定价决策以及最优团购持续时间决策。结果表明，敏感型市场中商家的最优团购策略是唯一的；但是在顾客异质性市场中，商家需要根据一定的选择流程在低价团购或高价团购策略中做出恰当选择。范丽繁等（2016）基于贝特兰模型，研究了双寡头零售商的团购定价决策。首先求出两竞争零售商在统一定价策略下的最优门店价格。然后考虑其中某一零售商采取了传统门店销售和网络团购销售两种渠道，另一零售商则只有传统门店销售渠道，从而求出两零售商的最优定价决策。发现采用团购营销策略的零售商能够大幅度提高利润，而不采用团购营销策略的零售商的利润则会严重受损。且团购优惠券的价格会随着顾客转移比例以及提供团购券的单位生产成本的增加而提高。

Edelman 等（2016）针对顾客需要预先购买网络团购折扣券这一事实，结合顾客的重复购买行为，通过建立两阶段模型来研究网络团购折扣券的盈利性以揭示网络团购折扣券的两大主要作用：价格歧视作用和广告作用。企业只有将团购折扣券提供给对商品估值较低的顾客才能成功实现对顾客的价格歧视。模型结果显示，团购营销策略更加适合相对不知名的企业或者边际成本较低的企业。并证明网络团购折扣券虽然能够在一定条件下提高企业的利润，但是提高企业利润的条件相对比较狭窄。Chen 和 Bell（2017）基于顾客对企业产品偏好的不确定性，证明产品形式（包括产品质量和价格）的多样化能够提高企业利润，因为多样化的产品形式有利于吸引价格敏感型的顾客，从而增加企业销售量。赵长江和刘斌（2017）研究了团购优惠券的单位佣金成本（即零售商支付给团购网站的单位佣金）对团购优惠券定价决策的影响。结果表明，单位佣金成本对团购优惠券的价格具有双向影响。当外部环境中如价格弹性系数、始终选择门店消费模式的顾客人数比例等因素的影响作用达到一定水平时，零售商的团购优惠券价格会随着单位佣金的增加而上升。

以上文献不仅通过实证数据、实际案例以及理论模型显示出团购营销的盈利水平普遍低于商家预期，而且也表示，团购营销的盈利条件与消费者异质性程度、员工满意程度、顾客间信息交流等诸多企业无法控制的外在因素相关，凸显团购 O2O 的盈利能力仍然是零售业应首要关心的问题。本书关于团购优惠券营销的研究目的与以上学者相同，即帮助企业找出团购优惠券营销策略的盈利条件，以便企业能够更好地运用这一营销工具。同时，也将进一步丰富关于团购盈利性的文献，对企业制定可持续性团购营销决策提供理论意见和参考。

2.2.2 消费者感知研究

研究消费者对网络营销接受程度的文献主要可分为两类：

第一类是基于相关行为理论研究消费者接受网络营销的行为意向。Bauer 和 Barnes（2005）基于推理行为理论，通过建立线性结构方程模型对基础假设进行实证检验，证明娱乐功能以及移动营销的信息价值是促进消费者接受移动网络营销的主要驱动力。Kleijnen 等（2007）研究了手机用户对移动渠道的商品或服务交付方式的接受使用意向。结果表示，时间便利性、用户控制感以及服务兼容性对用户的使用意向具有正面影响，而感知风险和认知努力程度对用户的使用意向产生负面影响。Barutçu（2007）表示，移动手机用户对手机广告、手机折扣券、移动娱乐、基于地理位置的移动服务、移动互联网和手机银行均持积极态度。建议企业确定目标客户并细分市场，采用移动目标营销，以便更有利于提高盈利能力。Okazaki（2007a）发现，消费者对移动网络广告的接受态度受到性别差异的影响；Okazaki（2007b）利用结构方程模型证明，创新精神和娱乐感知也会显著影响消费者对移动网络广告的接受态度；Okazaki 等（2007c）提出，消费者对企业的信任度也会影响其对移动广告的接受态度。Cheng 等（2009）从"信息性""娱乐性"以及"挑战性"三个角度出发，研究了消费者对网络广告、电子邮件广告、移动手机短信广告及移动手机彩信广告态度的异同。研究表明，消费者对网络广告和移动手机彩信广告的接受态度明显比电子邮件广告和移动手机短信广告更加积极。Gao 等（2009）研究考察了移动手机广告的各种设计特征对感知交互性的影响，以及感知交互性如何影响消费者对手机广告的态度。结果表明，广告提供的选择信息越多，参与者与广告的互动程度就越高，一个可定制的游戏广告被认为比一个不可定制的游戏广告更具有交互性。最后强调感知交互性是影响消费者接受移动广告的关键因素。Constantiou 等（2009）根据理性选择理论，研究发现文化差异会影响消费者对移动网络营销的成本感知以及利益感知，间接影响消费者对移动服务的使用态度。Constantiou 和 Mahnke（2010）在理性选择理论的基础上，研究了性别差异如何影响价值感知和使用意图，以及性别如何影响个人对移动电视广告服务的偏好。Deng 等（2010）从实证角度研究中国移动服务市场中，顾客满意度以及顾客忠诚度对移动网络营销的接受态度，研究结果表明，信任、服务质量感知、顾客价值感知（包括功能价值和情感价值）都有助于提升客户对移动手机营销信息的满意程度。Gao 等（2013）基于技术扩散理论，研究移动手机的依恋程度、创新精神、风险偏好三个个人特征对消费者接受移动网络营销行为意向的影响。结果表明，个人对移动手机的依恋程度以及创新精神对消费者接受移动营销的意向产生正向积极的影响；而规避风险偏好则对移动营销的接受意向产生负面消极的影响。汪明远和赵学锋（2015）结合定向调节理论和效价理论研究影响顾客对移动优惠券的使用意愿的影响因素。通过问卷调查，利用 Smart PLS 建立结构方程模型并发现，顾客对移动优惠券使用意愿主要受到感知收益和感知努力的影响。感知收益对态度的正向作用因促进定向而增强，感知努力对态度的反向作用因防御定向而增强。此外，使用态度和从众行为会进一步促进顾客使用移动优惠券。

第二类是利用既定的技术接受模型研究消费者接受网络营销的影响因素。技术接受模型（TAM）是由 Davis 于 1989 年运用理性行为理论针对用户对某信息系统的接受行为提出的模型，该模型主要包含两个决定因素（Davis，1989）：①感知易用性，反映一个用户认为使用某具体信息系统的容易程度。②感知有用性，反映一个用户认为使用某具体信息系统对其工作业绩提高的程度。技术接受模型（TAM）已经被学者们广泛应用于运作管理领域。如 Hung 等（2003）根据计划行为理论、创新推广理论以及技术接受模型研究移动电子商务用户对无线应用协议（WAP）的接受采纳程度。基于在台湾进行的一项关于 WAP 服务的实验，发现用户对 WAP 的感知易用程度对其是否接纳并采用 WAP 有着明显的正向影响。基于扩展的技术接受模型，Jayasingh 和 Eze（2009）针对马来西亚消费者对移动手机优惠券的使用行为意向进行了实证研究，研究结果表明，感知有用性、感知易用性、感知可信度皆正向影响消费者对移动手机优惠券的使用行为意向。Im 和 Ha（2013）研究了消费者对许可营销的接受采纳程度，许可营销是指零售商在得到消费者的明确同意后再向其推送营销信息的一种营销手段。基于扩展的技术接受模型，证明消费者对许可营销的感知有用性和感知易用性对其接受许可营销的行为意向有着明显的正面影响。特别的是，感知易用性对消费者的接受行为意向产生的正面影响强于感知有用性。此外，结果还表明消费者对许可营销的感知风险程度对其接受行为意向产生明显的负面影响。Ha 和 Im（2014）讨论了性别差异、个性化程度、主观标准等因素对消费者接受且使用手机移动优惠券的行为意向的影响。研究发现，移动手机优惠券的兼容性以及娱乐享受性比消费者的感知有用性及感知易用程度对消费者的行为意向的影响更加明显。此外，女性消费者关于移动优惠券的行为意向容易受到娱乐享受性程度和感知有用性程度的影响，而男性消费者对移动优惠券的行为意向则容易受到感知易用性程度影响。

陈小芳等（2015）基于技术接受模型讨论影响消费者网络购物行为意向的

五大主要因素：感知有用性、感知易用性、感知网络店铺服务水平、感知网络购物安全性和感知网络口碑。通过对这五大因素进行回归分析，发现消费者对网络购物的感知服务水平和感知安全性是影响消费行为意向的关键因素。且在其他影响因素中，感知易用性对消费者网络购物行为意向的影响强于感知有用性。陈秀云等（2015）结合技术接受模型和结构方程模型，从实证角度分析二维码营销对消费者购买意愿的影响。并提出感知易用性、感知娱乐性、感知价格价值、感知安全性是影响消费者购买意愿的关键因素，皆与消费者的购买意愿有着强烈的正相关性。研究还发现，在二维码营销中，感知有用性对消费者的购买意愿的影响在统计上并不显著，这在一定程度上反映了消费者盲目跟风消费的现象。并建议企业的二维码营销策略应该侧重提高消费者的感知易用性、感知娱乐性、感知价格价值、感知安全性。吴威（2015）引入风险、信任、主观标准和外部环境等因素，利用扩展技术接受模型，研究消费者的移动网络购物行为。发现消费者对移动网络购物的感知易用性、感知有用性和感知风险性受到顾客移动网络购物经验的影响，且感知风险性并不是阻碍年轻人选择移动网络购物的因素。谢刚等（2015）通过扩展技术接受模型研究消费者对微信营销的接受程度，将影响接受程度的因素分为个人因素和情境因素两类。实证研究结果表明，TAM模型中的情境因素如感知有用性和感知易用性仍然与消费者对微信营销的接受程度具有正相关性，而另一个情境因素感知风险性却与顾客对微信营销的接受程度呈负相关。此外，研究中还考虑到了两个个人因素：消费者创新倾向和网络隐私顾虑对顾客接受微信营销的行为意向分别有着正向和负向的影响。张艳青（2015）研究了消费者对本地化服务零售业团购模式的接受程度。研究表明，基于技术接受模型，消费者的感知有用性、安全性、经济性和便利性对消费者的团购意愿均有正向影响。宁成佳和张宇（2016）以大学生为研究对象，利用技术接受模型分析感知有用性、感知易用性、感知可靠性对大学生互联网购物的影响。通过回归分析结果，发现以上三种因素均对大学生互联网购物意愿具有正向影响。建议电商企业在开发大学生市场时，主要注意提高交易支付方式的安全性，营销商品须具有较高的有用性，且营销手段易于被大学生接受。

乔艳和陇小渝（2016）在技术接受模型的基础上研究消费者对移动O2O电子商务的接受程度，提出技术接受模型在该研究中的缺陷是将个人作用与社会影响结合分析，有碍于筛选出重点因素。通过对技术接受模型进行扩展，发现社会影响作用才是影响消费者在移动O2O电子商务中购买意愿的重点因素。杨一翁等（2016）讨论了影响消费者接受推荐系统的关键因素，将技术接受模型与信息系统成功模型相结合，根据购物网站服务质量、推荐信息质量以及推荐系统质量三个因素，构建模型研究以上三因素对消费者感知有用性、感知易用性以及对推荐系统使用行为意向的影响。在模型中，消费者感知有用性、感知易用性作为中介变量影响消费者最终形成的关于推荐系统的使用行为意向。研究结果表明，上述三因素均可通过中介变量影响消费者对推荐系统的接受行为意向。三因素对消费者接受推荐系统行为的影响强度从大到小依次为：推荐信息质量、购物网站服务质量、推荐系统质量。三因素影响强度的排序为网络零售商促进消费者接受推荐系统所实施的资源投资提供了先后顺序。张亚峰（2016）在O2O电子商务背景下，以技术接受模型为理论基础，以问卷调查的方式采集数据，得出影响消费者在O2O中购买意愿的因素。根据影响因素对消费者购买意愿影响程度的大小对影响因素进行排序，结果依次为：感知易用性、感知风险、社群影响、网站设计。以上因素中，除了感知风险与消费者的购买意愿呈负相关之外，其他因素均与购买意愿呈正相关。

以上第二类文献均显示，消费者的易用感知程度对购买意愿有正向的影响作用，但是很少有文献将消费者的易用感知程度量化，通过建立数学模型分析该因素对零售商利润的影响。本书尝试在模型中量化消费者对团购优惠券的易用感知程度，定量分析消费者对团购优惠券的感知易用程度是如何影响零售企业利润的，从而帮助零售企业优化团购优惠券的设计。

2.2.3　兑换限制条件研究

目前已有不少文献研究了影响顾客兑换优惠券的限制条件，包括兑换期限、兑换地点以及兑换数量等。

第一，关于优惠券兑换期限的研究。如 Inman 和 Mcalister（1994）利用后悔理论解释在优惠券兑换期末期兑换优惠券的顾客数量会明显高于兑换期限以内的其他时间段。因为优惠券到期却未兑换可能会让顾客感到后悔，而大多数顾客为了避免后悔，会选择在优惠券兑换截止的临近时间兑换优惠券。并建议商家在优惠券的兑换期限末期，利用各种方式或传播途径提醒顾客兑换优惠券，从而有效提高销售量。Krishna 和 Zhang（1999）研究了优惠券的兑换期限如何影响优惠券的盈利能力，提出延长优惠券的兑换期限在一定条件下可以提高顾客对优惠券的兑换率。对于处于竞争环境下的两品牌零售商，受市场欢迎程度较高的零售商为优惠券设定较短的兑换期限能够获得比提供较长兑换期限更多的利润；而另一方面，受市场欢迎程度较低的零售商应该为优惠券设定较长的兑换期限，以减少顾客兑换优惠券的时间压力以及吸引偏好竞争品牌的顾客前来兑换。而且，当市场中因为优惠券即将到期而一定会发生兑换行为的顾客比例较高时，任一零售商都可能通过为优惠券设定较短的兑换期进而获得更多的利润。

第二，关于优惠券兑换地点或数量限制的研究。如 Wang 和 Yang（2010）指出，一些旅游优惠券要求顾客在指定酒店兑换，或者限制最低兑换数量，引起了顾客的不满。庄云云和卢黎莉（2017）基于 O2O 模式下大学生对餐饮团优惠券满意度的影响调查发现，大学生们在餐饮团购券兑换过程所遇到的问题多集中在商家对团购顾客的服务水平、退款政策等方面。

此外，Swaminathan 和 Bawa（2005）利用项目反应理论（IRT），研究顾客对不同种类优惠券的兑换倾向。研究发现，顾客关于优惠券的兑换倾向不仅与顾客对特定品牌的忠诚度和优惠券的感知有用性有关，也与优惠券其类型偏好、价值意识和价格意识等普通个性特征有关。研究结果建议市场营销人员需要重点分析不同类别商品的优惠券是否会对顾客的消费意愿产生不同影响，将优惠券对应的商品类别与合适的消费人群相匹配，并进一步预测优惠券的兑换率，为决策者制定合理的营销策略提供理论基础。

以上文献表明，虽然优惠券可以为顾客节省经济开支，但是商家附加的各种兑换限制条件却会使得顾客消耗额外的精力以及增加时间成本。兑换限制条件越严格，顾客为了兑换优惠券所需花费的额外精力和时间则越多，那么一些顾客便会选择放弃兑换优惠券。基于优惠券的兑换限制条件会影响顾客对团购优惠券的购买意愿，本书将兑换限制条件对顾客购买行为的影响量化为顾客对团购优惠券的感知易用性程度，然后建立决策优化模型，讨论零售商应该如何设计团购优惠券。

2.3 移动目标营销相关研究

2.3.1 盈利性研究

本地服务零售企业通过移动互联网基于 LBS 技术获得顾客的实时地理位置，针对不同地理位置的顾客推送不同折扣信息的营销模式称为移动目标营销。在移动目标营销中，零售企业可以基于顾客的实时地理位置准确区分目标顾客，向不同目标顾客的移动手机分别推送个性化信息，从而激发更多潜在需求。移动目标营销将成为移动互联网时代炙手可热的营销工具，受到了国内外企业决策者和学者的关注。企业向来以利润最大化为目标，所以移动目标营销的盈利性仍然是大家关注的首要问题。关于移动目标营销盈利性的研究可以分为如下四方面。

第一，基于兑换时间、地点等因素研究盈利性的相关研究。Spiekermann 等（2011）通过实验分析发现，距离等情境因素会影响消费者对移动优惠券的使用率。消费者距离零售商越近，使用移动优惠券的概率就越大。此外，对城市中心顾客推送移动优惠券的效果比对城郊顾客推送移动优惠券的效果更加明显。提示零售商在设计移动优惠券时不能忽视情境变量，同时，基于优惠券对应商品的类型，尽量在移动优惠券中融入个性化元素。Danaher 等（2015）证明，移动优惠券的使用时间、使用地点都是影响顾客使用的重要因素。此外，因为移动优惠券的使用期限短于传统优惠券，所以使用期限同样会影响顾客使用移动优惠券的行为意向。较短的使用期限有助于提醒顾客及时使用优惠券，建议零售商合理缩短移动优惠券的使用期限。然而，传统的优惠券特征如优惠券的面值仍然是决定移动优惠券盈利性的主导因素。移动优惠券尤其适合快餐食品等商品或者服务，这一特点也与传统优惠券相似。Khajehzadeh 等（2015）综合讨论顾客与兑换地点的距离远近程度、顾客的购物动机（功利型动机和享乐型动机）以及移动优惠券为顾客带来的福利类型三个因素对顾客使用移动优惠券行为意向的影响。实验结果发现，功利型顾客偏离其初始购物动机的可能性低于享乐型顾客，而享乐型顾客更容易偏离其初始购物动机。根据焦点调节理论，可运用防御型调节方式和促进型调节方式对功利型动机顾客和享乐型动机顾客的行为进行分别解释。另外，研究结果还表明，具有享乐型动机的顾客偏离其初始购物动机的概率大小主要由顾客与兑换地点的距离远近程度决定，因此，享乐型动机顾客转移到距离他们较远的零售商处使用移动优惠券的可能性很小。

第二，基于消费者行为因素研究盈利性的相关研究。Dickinger 和 Kleijnen（2008）基于移动手机媒介向移动用户发送和推广短信服务，调查研究消费者对移动优惠券的使用行为意向。发现消费者对移动优惠券的态度以及感知控制水平会影响消费者对移动优惠券的使用行为。移动优惠券的实质内容会严重影响消费者的态度，而消费者对垃圾邮件的恐惧会影响其对移动优惠券的感知控制水平。与普通消费者相比，追求高价值的消费者对移动优惠券以及移动垃圾邮件更为敏感。研究结果建议，零售商在设计移动优惠券时应该侧重考虑移动优惠券的可用性并引导消费者如何正确使用优惠券，而不是偏重移动优惠券对市场中顾客的覆盖程度，从而提高企业利润。Khajehzadeh 等

（2014）利用焦点调节理论研究消费者对移动优惠券的使用意愿，提出享乐主义购物者会比功利主义购物者使用更多的移动优惠券，以及功利主义购物者使用移动优惠券时会提出较多的个性化要求。Zubcsek 等（2017）认为，顾客的消费活动方式隐含了他们对商品的偏好，建议管理决策者挖掘顾客对商品的偏好信息，并将这些信息的价值转化为企业利润。例如，企业可以利用移动网络的定位技术（GPS）识别在同一时间出现在同一地点的顾客，总结他们的消费活动规律并预测其对移动手机广告的反应，然后有针对性地对不同地点顾客的智能手机推送广告信息。通过构建一个动态演化的联合定位网络，利用顾客的消费时间与地点数据将顾客细分，研究结果表明，同类型顾客对同种类商品的移动手机广告的反应高度相似。

第三，关于盈利性的实验、实证研究。Hui 等（2013）证明，以增加顾客在店内移动路径距离为目的的移动目标营销可以有效刺激顾客发生计划外的购物行为，从而提高零售商的利润。在实验中，零售商分别将三类商品的优惠券推送至顾客的手机，顾客为了兑换优惠券，会增加在门店内的移动路径距离。顾客在店内移动路径的距离越远，则接触到的商品信息越多，购买计划外商品的可能性也随之增大。实验结果显示，由移动目标营销引起的顾客购买计划外商品能使零售商的收入提高 16.1%。Daurer 等（2015）从实证角度研究了消费者在移动互联网的搜索行为。研究表明，消费者的实时地理位置与其在移动互联网搜索信息的强度正相关，而以前的搜索经验却与搜索信息的强度负相关。建议零售商通过移动互联网合理设计商品信息，可以降低消费者对价格的敏感程度。Fang 等（2015）提出，基于顾客地理位置的移动营销策略会对顾客的即时消费以及未来消费行为产生显著影响。部分学者较为关注移动营销策略会刺激顾客的购物冲动，从而提高零售商在营销活动当日的销售量。而该研究中强调，基于顾客地理位置的移动营销策略不仅能在营销期间对顾客的购买意愿产生影响，营销结束后仍然会对顾客未来的购买意愿产生影响。所以，如果忽略移动营销策略对顾客未来购买行为的影响，也就低估了移动营销策略的盈利能力。Dubé 等（2017）进行了一场大规模的田野实验，以研究两家具有竞争关系的影院在双头垄断市场上如何借助营销手段实行价格歧视。两家电影院基于地理位置和顾客的历史消费数据开展移动目标营销。结果表明，当只有一家电影院采取移动目标营销时，该电影院会得到非常丰厚的利润回报。但是如果两家电影院同时采取移动目标营销，竞争程度加剧，就会降低移动目标营销的利润水平。Luo 等（2014）从时间因素和空间因素两个角度研究移动目标营销的有效性。利用情景营销理论，设计实验研究不同的移动目标营销策略组合如何影响顾客对营销信息的反应。在实验中考虑两类移动目标营销策略。①空间策略：近距离顾客营销及远距离顾客营销。②时间策略：实时营销及延迟营销。研究发现，两类营销策略均能增加零售商销量，提高零售商利润。令人惊讶的是，这两类营销策略的组合对零售商销量的影响并不简单。当空间策略采用近距离顾客营销时，近距离顾客购买商品的概率与营销活动的延迟时间呈负相关：营销活动的延迟时间越长，近距离顾客购买商品的概率越小，即近距离顾客在实时营销策略下购买商品的概率大于其在延时营销策略下购买商品的概率。当空间策略采用远距离顾客营销时，远距离顾客购买商品的概率与营销活动的延迟时间呈倒 U 型曲线关系：远距离顾客购买商品的概率先随着营销活动的延迟时间的延长而增大，然后再随着营销活动的延迟时间的延长而减小，即适当的延迟时间可以将远距离顾客购买商品的概率增至最大。此外，作者还进一步利用心理学机制解释实验结果。根据消费者解释理论，收到营销短信的顾客会形成或多或少的具体心理解释，从而增强他们对营销活动的参与意愿和购物倾向。对于在什么时间、什么地点以及如何提供移动目标营销这个问题，研究结果为零售商提供了可供参考的建议。

　　Andrews 等（2015）研究了拥挤程度这一情境因素如何影响顾客对移动营销信息的反应，以及如何间接影响移动目标营销的盈利性。在实验中，零售商向 14972 位地铁乘客的移动手机用户发送营销短信，发现了一个意外的结果：乘客在拥挤环境下回应营销信息的概率高达非拥挤环境下回应营销信息概率的两倍。对该结果的合理解释为沉浸理论，即拥挤程度的增加侵蚀了乘客间的安全距离，乘客的心理状态自然转为内向并容易受到移动广告的影响。虽然拥挤经常与负面的情绪联系在一起，如焦虑和风险规避，但是该研究却展示了拥挤的积极作用，即在拥挤的地铁里，浏览移动手机营销广告可能成为一种受乘客欢迎的消遣方式。建议零售商在制定移动目标营销策略时，应该根据顾客身边的拥挤程度设计移动优惠券。Fong 等（2015）研究了零售商是否能够通过对竞争对手附近的顾客采用移动目标营销策略提高利润。实验包含两个竞争关系的零售商，只考虑其中一个零售商能够采用移动定位营销策略。实验结果发现，零售商移动目标营销策略可以有效"偷猎到"竞争对手"领地"中的顾客，这些顾客是在统一定价策略中绝对无法得到的。同时指出，竞争会导致零售商降低在移动目标营销策略中的折扣价格。虽然可以通过吸引竞争对手的顾客从而额外增加销售量，但是较低的折扣价格也会降低零售商的利润。所以在竞争环境下，移动目标营销策略中的折扣价格对零售商的利润既有正向影响也有负向影响，零售商需要权衡其利弊，合理制定营销策略中的折扣价格。

第四，关于盈利性的模型理论研究。大量文献从实证角度证明了移动目标营销的有效性，但是从理论上证明移动目标营销的有效性的文献却很少。据我们所知，Chen等（2015）是第一篇从博弈论角度研究移动目标营销的文献。该文献基于顾客的实时地理位置，在对称的竞争环境下，提出了两零售企业的均衡定价决策。通过假设市场中的顾客集中分布在三个离散地点且两零售企业竞争环境对称，Chen等（2015）建立了两零售企业的利润最大化模型并求得了零售企业在移动营销中的最优折扣价格。通过优化各个离散地点的折扣价格，证明零售企业能够完全防止顾客发生摘樱桃行为，移动目标营销总能提高零售企业的利润。

介于关于移动目标营销的理论模型文献较少，本书将通过理论模型研究弥补这方面文献的不足。基于学者Chen等（2015）的研究成果，本书拟拓展研究视角，进一步研究移动目标营销。本书与Chen等（2015）不同的是，第一，拟将顾客的地理位置从离散情形扩展到连续情形，证明零售企业不可能在移动目标营销中完全防止顾客发生摘樱桃行为，因此移动目标营销在增加顾客需求的同时，也可能使零售企业遭受利润损失。第二，拟考虑顾客移动可及率不对称的竞争环境，分别研究限定顾客位置、允许顾客摘樱桃的两种移动目标营销。并分别在顾客移动可及率对称及不对称两种环境下比较移动目标营销的盈利水平。与认为顾客摘樱桃行为只会损害零售企业利润的传统观点不同，本书拟证明在一定条件下，顾客的摘樱桃行为对两零售企业的利润均是有利的。第三，考虑增加移动目标营销的单位推送成本这一因素，拟在单位生产成本不对称的竞争环境下分析企业的最优决策。企业一方面需要决定商品价格以及价格折扣，另一方面为了不浪费推送成本，还需要决定折扣信息的推送区域（即将折扣信息推送给位于哪些地理位置的顾客）。

2.3.2 顾客摘樱桃行为研究

在移动目标营销中，顾客的摘樱桃行为是指——为了得到更低的折扣价格，花费额外的交通成本移动到更远的地方，获得折扣价格再到零售企业处完成在线支付并提取商品或享受服务。我们需要结合其他学者的研究结论进一步探索顾客在移动目标营销中的摘樱桃行为对企业营销决策的影响，本书将相关文献梳理为如下三类。

首先，顾客摘樱桃行为影响因素的相关研究。Fox和Hoch（2005）研究顾客在生活必需品消费中的摘樱桃行为，结果表明，顾客通过摘樱桃获得的经济福利超过其付出的额外成本，所以顾客的摘樱桃行为是一种理性的经济行为。顾客发生摘樱桃行为的可能性大小与顾客的年龄、家庭成员数量、自有住房等因素呈正相关；与女性家庭成员工作收入、家庭收入水平等因素呈负相关。此外，顾客与零售商之间的距离也是影响顾客摘樱桃行为的重要因素。Huang 和 Hutchinson（2013）通过模拟的购物实验构建心理模型分析顾客重复购物的动态决策过程。研究发现，当顾客对商品信息的搜索成本较小时，其最优决策是广泛地搜索价格，在学习的过程中寻找摘樱桃的机会。当搜索成本较高时，顾客应该在小范围内搜索价格，以保证搜索成本最小化。Prasad 等（2015）在考虑顾客摘樱桃行为的情况下，从实证角度研究印度电信市场中影响顾客选择网络运营商的主要因素。研究表明，经济价值感知、任务定义、时间价值感知、服务质量、价格意识动机、客户服务、信息获取、生活方式、家庭收入、教育、年龄等因素均显著影响顾客对网络运营商的摘樱桃行为。

其次，顾客摘樱桃行为对企业利润影响的相关研究。传统观点认为企业在对特定商品采取降价营销策略时，如果顾客只购买特价商品而不购买正价商品（摘樱桃行为），那么降价营销策略是失败的，且可能会使企业遭受利润损失。因此企业应该不惜一切代价阻止顾客发生摘樱桃行为。对此学者 Drèze（1999）提出，不同的观点：在竞争环境下，顾客的摘樱桃行为在降低企业边际利润的同时也可以防止顾客被竞争对手"偷走"。摘樱桃行为对零售企业利润的正面、负面影响同时存在，零售企业应该考虑如何利用好这把"双刃剑"。Gauri 等（2008）提出通常情况下，顾客会通过从空间上跨商店搜索商品价格和跨时间搜索商品价格两种方式得到商品价格，进而决定是否发生摘樱桃行为。综合以上两种方式，作者研究了顾客同时跨商店及跨时间搜索商品价格发生的摘樱桃行为对零售商利润的影响。研究显示，顾客的价格搜索方式主要受地理位置和机会成本两个因素的影响。这表明，零售商可以基于人口统计以及地理位置数据将价格搜索作为分割变量，从而实现有针对性的营销活动。最后证明顾客摘樱桃行为对零售商利润的消极影响并不像人们普遍认为的那样大。Talukdar 等（2010）提出，极端的樱桃采摘者，即只寻求折扣价格交易的顾客过分地利用了折扣优惠，给零售商带来了负面的利润。利用市场交易和顾客的消费调查数据，在生活必需品市场中研究顾客发生摘樱桃行为的决定因素、流行程度和该行为对零售商利润的影响。研究发现，极端的樱桃采摘顾客占比很小（占总人数的 2%）。极端樱桃采摘行为的可能性与搜索价格所需的机会成本呈倒 U 型关系。最后证明，尽管极端的樱桃采摘者使得零售商遭受利润损失，但降低价格的营销策略仍然可能从总体上增加零售商的利润。Rhodes（2015）在考虑顾客摘樱桃行为的情况下，研究多产品零售商的定价决策。在模型中,如果搜索成本较低,顾客则可能发生摘樱桃行为,并对零售商的利润造成负面影响。

最后,企业对顾客摘樱桃行为合理应对的相关研究。Galata 等(1999)在考虑顾客摘樱桃行为的条件下,研究超市零售业的最优定价模式。将顾客细分为三类:摘樱桃顾客、追求服务品质的顾客以及不追求服务品质的顾客。其中追求服务品质的顾客只光顾"高—低价格模式"零售商,不追求服务品质的顾客只光顾"每日低价模式"零售商。然而摘樱桃顾客在"每日低价模式"零售商和"高—低价格模式"零售商之间的选择却是不确定的,即主要根据商品的价格折扣选择零售商。研究结果表明,在超市零售业中,价格模式内部的竞争比价格模式之间的竞争更加明显。Ferguson(2014)在竞争环境下研究能够降低顾客对商品价格的不公平感知的两个定价方式:统一定价策略(若两顾客购买相同产品却支付了不同的价格,商家承诺将差价退还给出价高的顾客)和价格对称营销定价决策(两零售商对相同商品的定价保持一致,承诺顾客如果在其他零售商处能以更低的价格购买到某商品,则退还商品差价)。提出在价格对称营销定价决策下,零售商不会担心竞争对手提供比自己更低的商品价格使得自己的顾客发生摘樱桃行为。因此,对称营销定价决策是防止顾客摘樱桃行为的有效途径。Mojir 等(2014)根据顾客在不同商店以及不同时间搜索商品价格信息的行为建立动态搜索结构模型,在模型中假设商店数量有限、搜时间无限。利用不同品牌牛奶的消费数据来估计模型参数,以证明搜索结构模型中建模时间维度的重要性。强调零售商的降价营销策略促进了顾客的摘樱桃行为,如果搜索价格信息的成本较高,降价营销策略可作为提升顾客忠诚度的有效途径。陈剑和张楠(2008)提出,企业的差异定价决策可能导致顾客采取"投机行为",投机行为即摘樱桃行为。差异定价主要针对如下两种情况:当企业持有库存时,能够即时向顾客交付商品,顾客不需要等待;当企业缺货时,需要滞后商品交付时间,顾客需要等待。研究表明:①若模型中不考虑投机行为,有库存时的最优价格恰好等于市场价格。②若模型中不考虑投机行为,缺货时给予等待顾客的价格补偿应该设定为等于等待因子最大的顾客的等待成本,保留等待因子较小的顾客而排除等待因子较大的顾客。③若模型中不考虑投机行为,商品的市场价格越高,企业采取差异定价的倾向越明显。④若模型中考虑投机行为,当顾客的最小等待因子较小时,企业应该设定有库存时的最优价格低于市场价格,以防止顾客发生投机行为。

以上文献证明,顾客摘樱桃行为对企业的利润存在正面或者负面的影响。摘樱桃并不是不受欢迎的行为,零售商可以利用顾客的摘樱桃行为获得利润。

此外，面临与对手的价格竞争，零售商除了运用降价策略防御自己的顾客被竞争对手"偷走"之外，鼓励顾客的摘樱桃行为也是一种有效的防御方式。顾客的摘樱桃行为缓和了零售商之间的竞争激烈程度，也能够避免两竞争零售商陷入"囚徒困境"。在不对称的竞争环境下，本书拟通过研究顾客的摘樱桃行为对企业移动目标营销决策的影响，也得到与 Drèze（1999）一致的结论，以证明竞争零售商在一定条件下会受益于顾客的摘樱桃行为。

2.3.3 目标定价模型研究

目标定价在营销领域已经不是一个新的研究课题，已有文献基于顾客的物理地理位置、对商品的偏好程度、历史消费数据等其他行为因素，研究企业如何对目标顾客进行区分并向其提供个性化的商品信息，从而提高利润。

首先，介绍基于顾客地理位置、商品偏好以及商品质量差异的目标定价模型研究。利用家庭消费面板数据，公司可以准确地针对选定地址的家庭发放优惠券，Shaffer 和 Zhang（1995）基于顾客地理位置研究了目标定价营销策略对企业利润、均衡价格以及优惠券面值的影响。提出公司可以混合使用激进型定位决策（即向竞争对手的顾客发放优惠券）和保守型定位决策（即不向竞争对手的顾客发放优惠券），且发现两竞争零售商对某些地理位置的顾客的目标营销策略存在混合纳什均衡。主要研究结果表明，在对称竞争环境下，若两竞争零售商已经覆盖了全部市场，则目标营销策略一定会导致两零售商进入囚徒困境。因为目标营销策略无法扩大市场总需求，两零售商分别将低折扣的优惠券发放给对方顾客，使得营销策略的净效果成为：各零售商分别用优惠券"偷猎"对手的顾客，同时自己的顾客也被对手"偷走"，所以实际上零售商的市场份额维持不变，但是商品的平均边际利润降低，各零售商均遭受利润损失。Shaffer 和 Zhang（2000）基于顾客对竞争企业商品的偏好，研究企业如何利用目标营销策略对顾客实行三级价格歧视，并将所得结果进行比较。在市场需求对称竞争环境下，企业总是对竞争对手的顾客提供折扣优惠券，目标是将对方顾客转化为己方顾客。有趣的是，在市场需求不对称的竞争环境下，企业会在一定条件下对己方顾客提供折扣优惠券，目标是防止己方顾客被竞争对手转移。此外，在顾客对竞争零售企业商品偏好不对称的竞争环境下，目标营销策略的价格歧视作用可能会缓和两零售企业之间的价格竞争程度而非加剧价格竞争。Shaffer 和 Zhang（2002）在顾客对零售商的商品偏好不对称的竞争环境下，讨论零售商的"一对一"目标营销策略。假设零售商可以获得顾客对商品的偏好信息，根据每位顾客对商品的偏好水平提供"一对一"的营销价格。研究首先表明,"一对一"的目标营销策略会加剧两零售商间的价格竞争程度,同时也可能会扩张零售商的市场份额。当市场份额扩张带来的额外利润超过价格竞争导致的利润损失时,零售商则可以通过"一对一"目标营销策略提高利润。结果发现,只有顾客偏好程度较高的零售商可以通过"一对一"目标营销策略提高利润,而顾客偏好程度较低的零售商即使采用了"一对一"目标营销策略,仍然会遭受利润损失。此外,发现"一对一"目标营销策略会引起常见的顾客流失现象,即部分顾客在优惠券的刺激下从偏好程度较高的零售商转移至偏好程度较低的零售商处购买商品。与零售商须尽力避免顾客流失的传统观点不同的是,在"一对一"目标营销策略中,零售商可以合理利用顾客流失现象从而实现利润最大化,且提出目标定价营销的单位成本大小直接影响企业对激进型、保守型营销策略的取舍。

Liu 和 Serfes(2005)基于企业的商品质量水平,利用垂直差异化双寡头垄断模型研究零售商如何根据顾客信息的准确度对顾客实行三级价格歧视。结果表明,如果获得顾客信息的成本低于某阈值,则只有高商品质量的企业可以获得顾客信息,并对顾客采用目标定价决策;而低商品质量的企业却只能采用统一定价策略。在对称的竞争环境下,两企业均会采用统一定价策略,其均衡利润皆呈倒 U 型;在商品质量水平不对称的竞争环境下,目标定价总会提高商品质量的企业的利润。

其次,介绍基于顾客消费数据的目标定价模型研究。Chen 和 Zhang (2009)提出,即使市场中存在策略型顾客(即主动搜索或预测未来的低商品价格),基于顾客历史消费数据制定动态目标定价决策仍然可以提高企业利润。虽然已有文献证明,策略型顾客会导致目标定价决策会给垄断企业以及竞争企业造成利润损失,但基于顾客的历史消费记录制定动态目标定价决策在一定条件下能够同时为竞争企业双方带来额外利润。为了获得顾客认可,竞争企业需要提高商品价格以剔除价格敏感度高的顾客,由此两企业间的价格竞争得以缓解,企业则受益于动态目标定价决策。有趣的是,动态目标定价决策缓解价格竞争的特征在垄断环境下无法体现,所以动态目标定价决策无法提高垄断企业的利润。Jentzsch 等(2013)研究了两竞争企业在目标定价决策下,是否应该分享顾客数据(包括顾客对企业的偏好程度和顾客的交通成本)。如果分享顾客数据可以提高利润,企业则存在分享顾客数据的动机。研究表明,企业分享顾客数据的动机主要受顾客数据类型以及顾客对企业的偏好程度差异的影响。在顾客对企业的偏好差异不明显时,企业只愿意分享顾客的交通成本数据。企业间分享顾客数据有损于消费者剩余,但是可以从整体上提高社会福利。Sapi

等（2013）表示，两竞争企业在采取目标定价时，获取顾客数据的动机会受数据质量（即精确度）的影响。假设企业完全掌握顾客的位置数据而不清楚顾客的交通成本数据，结果表明：①若顾客的交通成本异质性较低，企业双方都会选择忽略数据质量并且获取顾客的交通成本数据，从而提高企业利润但是损害消费者剩余。②若顾客的交通成本异质性较高，企业获取顾客的交通成本数据的动机会受数据质量的影响。仅当数据质量足够精确时，两企业才会选择获取顾客的交通成本数据，但是此时企业的利润会受损，而顾客的消费者剩余得到提高。Mishra（2014）在目标定价决策中研究顾客历史消费数据的价值。顾客历史消费数据的价值体现在对企业提供顾客的消费规律，企业可以在预测顾客购买行为倾向的基础之上做出定价决策，以实现利润最大化。对于理性顾客而言，其历史消费数据对企业自然毫无价值。但是该研究发现，当顾客对未来的商品偏好不确定时，其历史消费数据的价值对企业来说不容忽视。研究发现，如果顾客的购买决策不受消费经验的影响，那么目标定价决策可能在一定条件下提高消费者剩余。

最后，介绍目标定价模型的其他相关研究，包括顾客公平感知问题、企业投资问题、模型变量的选取问题、多目标定价等问题。Wang 和 Krishna（2012）提出目标定价决策对顾客的公平感知会产生不良影响，从而间接影响顾客的购买意愿。与传统文献侧重研究"对自己的公平感知"不同，该研究关注是"对他人的公平感知"。"对自己的公平感知"对顾客购买行为的影响体现为：如果某顾客需要支付比其他顾客更高的价格才能得到商品，如此则该顾客会拒绝购买商品。"对他人的公平感知"对顾客购买行为的影响体现正好与前者相反：如果某顾客只需要支付比其他顾客更低的价格即可得到商品，该顾客会因感觉对其他顾客不公平而拒绝购买商品。在实验中，企业对新老顾客采用目标定价决策，对新顾客收取低价而对老顾客收取高价。结果表明，当高、低价格的差异较为突出或不合理时，"对他人的公平感知"产生的负面效应更加明显，决绝购买商品的新顾客比例也越高。Baye 和 Sapi（2014）研究发现，两竞争企业为了采取目标定价，对顾客信息追踪技术的投资策略会受到顾客类型的影响。顾客分为短视型顾客和策略型顾客两种。短视型顾客忽视企业是否掌握顾客信息追踪技术，仅根据价格做出购买决策。策略型顾客了解企业是否掌握顾客信息追踪技术，并推断或预测自己将在企业的目标定价决策下接收到什么样的价格，从而做出即时购买或者延期购买的决策。通过建立二阶段模型，发现当顾客为策略型顾客时，企业通过投资顾客信息追踪技术并采用目标定价决策可以提高企业利润。只要足够有耐心（即时间贴现因子足够大），短视型顾客能在目标营销策略中得到比策略型顾客更高的消费者剩余。最后指出消费者剩余与社会福利之间呈现负向关系,当顾客为短视型顾客时,企业不应投资顾客信息追踪技术,虽然社会福利得到提高但是消费者剩余可能受到损害。Huang(2010)研究企业如何在细分市场中制定目标定价决策。在利润最大化的目标下,基于博弈论模型强调企业应当根据具有高解释力的定价变量(即具有较大需求系数或高方差的变量)制定营销价格。模型结果显示:①双寡头竞争环境下,若是只有一家企业采用目标定价决策,则定价变量的系数与垄断环境下该定价变量的系数相同。②双寡头竞争环境下,若两家企业同时采用目标定价决策且选择同一定价变量,则两企业关于该定价变量的系数的大小关系取决于两企业商品的替代或互补关系,以及定价变量对需求曲线的影响程度。雷宏振等(2012)研究了我国旅游景区门票的多目标定价机制。分别基于利润最大化、生态承载能力最大化、社会福利最大化为模型目标,对各目标下的定价机制进行对比。提出限制门票销售数量以及基于社会福利定价的具体条件。

不同于以上文献,本书在研究企业的移动目标营销策略中,除了根据顾客的实时地理位置进行目标顾客的区分之外,还同时考虑了顾客的摘樱桃行为,在上述文献的基础之上研究顾客的摘樱桃行为对竞争零售企业移动目标营销决策的影响。

2.3.4　不对称环境下竞争模型研究

本书研究主题主要涉及顾客移动可及率不对称的竞争环境。关于O2O模式下的移动目标营销的研究暂时处于起步阶段,涉及顾客移动可及率不对称的相关理论研究几乎处于空白。而关于企业成本不对称的竞争模型研究比较多,其相关研究方法和结果为本书的研究提供了很多帮助和参考。

Deneckere和Kovenock(1996)研究具有产能约束的企业如何在单位生产成本不对称的情况下设定商品价格。提出单位生产成本较低这一竞争优势,在一定条件下并不能为零售商带来想象中的额外收益。结果显示,单位生产成本较低的企业应该选择较高的产量以及尽量降低商品价格将竞争对手驱逐出市场。强调在单位生产成本不对称的竞争环境下,两企业的均衡价格并不一定相等,且不一定是关于已知参数的连续函数。所以在一定条件下,竞争优势企业的均衡价格对竞争劣势企业的均衡价格并无影响,此时单位生产成本较低这一优势在企业竞争中不起作用。传统观点一般认为,成本不对称可以防止两企业合谋,因为成本较低的企业如果偏离合谋不仅可以得到更多的利润,且不用担心竞争对手的报复行为（因承担较高生产成本的竞争对手报复能力有限）。但是 Miklós-Thal（2008）却提出不同的观点，提出成本不对称在一定条件下可以促进企业合谋。研究发现，在成本对称的境况下，两企业的合谋是稳定的，即任一方均不会偏离合谋约定。在成本不对称的境况下，两企业的合谋在一定条件下也可以稳定，但是维持合谋的稳定性的难度更大。首先，若在合谋中引入最大可靠惩罚条约，则竞争优势企业不存在比竞争劣势企业更加强烈的偏离动机，所以生产成本较低在附加惩罚条件的合谋中优势并不明显。其次，若在合谋中进一步对生产成本较高企业附加类似"单边支付"等补助条约，反而会达到促进合谋的效果。Allison 和 Lepore（2016）在凸成本结构（可能不对称）的竞争环境下，研究企业的定价决策。凸成本结构是指企业的生产成本并不是常数，而是连续的、非递减的弱凸函数。提出企业纯策略均衡存在的充分必要条件。强调在一定条件下，企业降低生产成本会加剧企业间的竞争程度，反而会引起利润损失。

蒋志伟等（2016）在生产成本不对称的情况下，研究两寡头垄断企业如何选择商业投资时机（即抢先投资或追随投资）。结果发现：①当两企业生产成本的差距较小时，高成本企业具有强烈动机选择抢先投资，因为抢先投资能比追随投资带来更多的利润。但是低成本企业抢先投资成功的概率更大。②当两企业生产成本的差距较大时，高成本企业更偏好追随投资，因为承担较高生产成本的劣势会造成抢先投资所得利润低于追随投资。可见，高生产成本始终使得企业处于抢先投资的劣势。李娟博等（2009）在生产成本信息不对称的条件下研究企业对专利技术的许可策略。许可策略包括三种：固定转让费方式、单位转让费方式以及两者相结合的方式。假设许可方为内部创新厂商，被许可企业对许可前自己的单位生产成本拥有私人信息，而许可方只了解其概率分布。研究结果表明，许可方对许可方式的选择取决于创新规模以及市场差异程度。颜波等（2015）在一个由零售商主导、多个制造商并存的斯坦伯格博弈模型中，研究制造商隐瞒生产成本信息对供应链绩效的影响。在这种成本信息不对称的条件下，得出制造商的最优定价决策。发现制造商谎报较高的生产成本在一定条件下有利于供应链内其他成员提高收益，但是始终损害整个供应链的收益。

综上，Deneckere 和 Kovenock（1996）和 Miklós-Thal（2008）发现，在一定的条件下，生产成本较低不一定为企业带来明显的竞争优势。本书拟在顾客移动可及率不对称的情况下，讨论顾客移动可及率较高是否会为企业带来竞争优势，并进一步研究成本劣势企业如何对成本优势企业的移动目标营销决策做出正确应对。引起顾客移动可及率不对称的原因有很多，如消费者对零售企业品牌的偏好差异、零售企业基于移动端 App 的推广力度差异等。因此，研究顾客移动可及率的不对称性对两竞争企业移动目标营销决策的影响具有较强的现实意义。

2.4 文献评述

通过对 O2O 发展相关研究、团购优惠券营销、移动目标营销的现有文献进行回顾和梳理，我们对已有文献做出如下评述。

（1）关于团购优惠券营销的文献评述。

①从 O2O 问世开始，关于团购的研究课题就没有停止过。团购优惠券营销是粗放型团转型为可持续型团购的产物，虽然关于团购的研究文献很多，但是只有近几年的团购研究文献才涉及团购优惠券。

②对于团购优惠券营销，学者们进行了大量案例分析以及实证研究。提出了利于该营销策略健康发展的若干措施，为企业的营销实践提供了丰富的理论指导。但是基于理论模型研究团购优惠券营销的文献则相对较少。

③关于团购优惠券营销的文献，其中国内文献较偏重于 O2O 平台的研究，少有学者通过理论模型从运营管理角度研究某零售企业的具体营销决策；反之，研究 O2O 平台的国外文献相对较少，国外文献大多偏重于研究该团购优惠券营销对企业绩效（包括利润水平、顾客忠诚度等）的影响。

④多数文献基于定性研究结果为企业提供了很多合理有效的建议，但是少于向企业同时提供配套的具体量化方案和相应度量工具。本书尝试在已有文献的定性结果之上建立数学模型，为企业提供相应的量化指导。比如赵素娟（2014）、马天玲（2014）等的文献中提出，团购企业应该合理制定折扣价格。韦荷琳等（2016）强调，在团购的可持续发展中，商家应该利用灵活的优惠措施或替代方案解决"线上信息与线下服务不匹配"的问题。本书拟基于如上建议建立数学模型，具体研究企业在团购优惠券营销中的最优决策。

综上，关于企业如何制定团购优惠券营销决策的问题仍然值得学者们进一步从数理模型角度进行探讨。在已有的研究成果之上，企业决策者也需要定价公式及量化执行方案，便于研究结果直接被运用于实践。

（2）关于移动目标营销的文献评述。

①基于地理位置服务 LBS 的移动目标营销是移动互联网时代的新宠儿，目前相关研究文献并不是太多。其中基于实验方法和实证研究的文献占绝大多

数，基于理论模型的理论研究则极少，如 Chen 等（2015）。

②绝大多数文献在对称竞争环境下研究移动目标营销，在不对称竞争环境下的相关研究较为缺乏。

③在移动互联网时代的今天，信息的透明化使得顾客在移动目标营销中更加容易发生摘樱桃行为。顾客的摘樱桃行为已经受到企业管理人员及学者的关注，但是在移动目标营销的相关文献中，仍然缺少摘樱桃行为的量化研究。关于企业如何用好顾客摘樱桃行为这把双刃剑的问题更是缺乏量化指导。

本书在学习借鉴文献 Chen 等（2015）、Shaffer 和 Zhang（2002）等文献的基础上，拟从零售企业的竞争环境以及顾客的地理位置等角度拓展研究视角，深入研究移动目标营销。在实际的市场环境中，很难有两家公司在运作管理能力、资金、成本等方方面面完全处于对等关系，不对称竞争仍是企业面临的大环境。服务零售业都需要在移动目标营销中处理好"把对的信息推送给对的顾客"这个问题，所以企业对移动目标营销决策的理论指导有着迫切需求。这也是学术研究未来努力的方向之一。

3 顾客易用感知程度与团购优惠券营销

3.1 引言

在团购优惠券营销中,顾客可以通过线上平台购买团购优惠券,然后再到企业实体门店通过兑换团购优惠券提取商品或享受服务。团购优惠券具有两大作用,广告作用和价格歧视作用。一方面,对于市场中的"不知情顾客"(不知道商家存在的顾客),团购优惠券正好充当向不知情顾客传递商品信息的传播者,即发挥广告作用。基于团购优惠券的广告作用,不知情顾客可能会选择某零售企业并开始第一次消费,其中有些顾客也可能在将再次来到该企业消费。另一方面,团购优惠券的兑换限制条件有助于企业对顾客实施价格歧视,即促使高估值顾客选择门店消费并放弃团购优惠券,促使低估值顾客从不消费转化为团购消费。

如今,顾客们很容易在团购优惠券的"温馨提示"或者"使用规则"中发现团购优惠券的各种兑换限制条件。优惠券的兑换限制条件会影响顾客的消费意愿。图 3.1 是大众点评 App 美食类团购优惠券截图,使用优惠券的顾客需要接受提前预约、每桌限用一张、法定假日无法使用、不提供餐前外带等限制条件。此外如图所示,有的企业只是短期提供团购优惠券(如只提供几个月甚至几天),而有的企业却长期持续提供团购优惠券(如持续一年甚至几年)。

3 顾客易用感知程度与团购优惠券营销

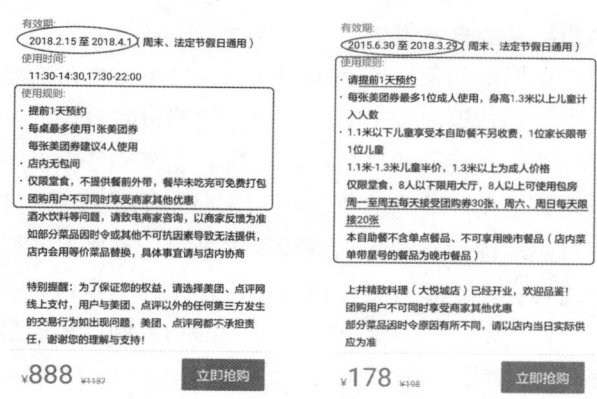

图 3.1　大众点评 App 美食类团购优惠券截图

关于团购优惠券兑换限制条件的定量研究很少，所以本章将兑换限制条件量化为顾客的易用感知程度，顾客对团购优惠券的感知易用程度作为数值指针直接反应兑换限制条件的苛刻程度。企业可以根据这个数值指针设计团购优惠券的兑换限制条件。此外本章建立两阶段模型，比较单阶段团购优惠券营销（只在第一阶段提供团购优惠券）和双阶段团购优惠券营销（在两阶段均提供团购优惠券）的盈利能力。用单、双阶段团购优惠券营销分别代表短期、长期团购优惠券营销，为决策者合理选择短期、长期团购优惠券营销提供理论参考。

3.2　问题描述与基本模型假设

团购优惠券营销早期的三个特点（如承诺效应、最低团购人数限制、边际成本递减）随着经济的发展以及日益激烈的竞争趋势已经被逐渐淡化。随时无条件退款，最低团购人数零限制以及单位生产成本非边际递减，如今已然成为团购优惠券营销的新特点。因此，我们在模型中不考虑预付费用给顾客带来的承诺效应、最低团购人数限制以及边际成本递减三个因素。此外，我们的模型设定也与已有文献保持一致，如 Edelman 等（2016）及 Jing 和 Xie（2011）。Edelman 等（2016）利用经济模型从理论上证明团购优惠券营销的盈利性，没有在模型中考虑预付费用给顾客带来的承诺效应以及最低团购人数限制，并假设企业的单位生产成本为常数。Jing 和 Xie（2011）在研究团购决策的模型中假设企业的单位生产成本为零。Dholakia（2010，2011）和 Song 等（2016）分别从实证角度研究了团购优惠券营销，但同样没有考虑团购初期的三个特点。Song 等（2016）提出，取消最低团购成交量，以及改变团购优惠券的兑换方式是各大团购网站的自然发展趋势。

团购优惠券的兑换限制条件给顾客带来的各种不方便自然会降低其易用感知程度，较低的易用感知程度势必会降低顾客的消费者效用，间接对顾客的购买决策产生负面影响。在我们的模型中，零售企业需要基于如下两个问题来设计团购优惠券：①如何设计适当的价格折扣来吸引无法接受商品原价的顾客。②如何利用顾客对团购优惠券的易用感知程度来阻止那些愿意以原价购买商品的顾客使用团购优惠券。本章首先探讨价格折扣率和顾客易用感知程度两个重要因素在团购优惠券营销中对顾客购买决策的影响，然后提出最优的团购优惠券设计，从而使企业利润最大化。

在考虑顾客重复购买行为的情况下，我们拟用一个两阶段模型来刻画顾客的购买决策过程。先后分别讨论两种团购优惠券营销模式：单阶段团购优惠券营销和双阶段团购优惠券营销。为了不失一般性，我们将市场中所有顾客对商品（或服务）的总需求单位化为1。假设顾客对商品的估值为 v，v 具有不确定性且服从均值为 θ 的均匀分布，累积分布函数为 $G(v)$。在模型的每个阶段，假设商品的门店销售价格为市场行业价格 p，单位生产成本为常数 c（$0 \leqslant c < p$）。企业的时间贴现因子为 δ（$0 < \delta \leqslant 1$）。将顾客对于兑换限制条件产生的易用感知程度记为 ξ（$0 < \xi \leqslant 1$），ξ 的值越大，顾客则感觉兑换团购优惠券的便利性则越高。易用感知是源自技术接受模型（TAM模型，Davis，1989）的一个重要因素，TAM模型已经被很多学者应用于移动手机优惠券的研究中（Im 和 Ha 2013，Ha 和 Im 2014，Jayasingh 和 Eze 2009）。众多研究结果表明，顾客的易用感知程度对其购买行为意愿产生正面影响。显然，顾客对团购优惠券的易用感知程度越高，顾客选择购买团购优惠券的可能性则越大。因此，我们在模型中，将顾客对团购优惠券的易用感知程度作为顾客对商品估值的一个乘子。企业在设计团购优惠券时需考虑两个决策变量：优惠券的价格折扣率 α（$0 < \alpha \leqslant 1$）和顾客对团购优惠券的易用感知程度 ξ。ξ 作为一个数值指针直接反应兑换限制条件的苛刻程度，企业则可以根据这个数值指针设计团购优惠券的兑换限制条件。我们首先考虑顾客的易用感知程度具有同质性，即 ξ 为确定的情况，将 ξ 视为常数，讨论其对企业团购优惠券营销决策的影响。然后考虑顾客的易用感知程度具有异质性，即 ξ 为不确定的情况，将 ξ 视为随机变量，再讨论企业如何制定团购优惠券营销决策。

为了体现团购优惠券营销的价格歧视作用以及广告作用，我们将顾客分为两组：知情顾客和不知情顾客。知情顾客［占顾客总量的比例记为 k（$0 \leqslant k \leqslant 1$）］对企业及其商品都有较为详细的了解，而不知情顾客（占顾客总量的比例记为 $1-k$）

对企业及其商品一无所知。需要强调的是，我们模型中的不知情顾客是指有消费意愿但不了解企业及其商品信息的顾客。比如，某位顾客打算晚餐吃牛排，但是不清楚应该选择哪一家牛排餐厅，那么他可以通过团购网站搜索与当地牛排餐厅相关的团购优惠券信息。在综合考虑某家牛排餐厅提供的团购优惠券的价格折扣率及兑换限制条件之后，该顾客可以做出如下三种选择：①认为团购优惠券的兑换限制条件过于苛刻，无法接受，直接去这家牛排餐厅进行门店消费。②接受团购优惠券的兑换限制条件，在团购网站上购买这家牛排餐厅的团购优惠券，再到餐厅兑换团购优惠券。③放弃在这家牛排餐厅消费。另外，我们假设知情顾客清楚自己对商品的具体估值 v。而不知情顾客对企业及其商品完全不了解，每位不知情顾客在做出购买决策之前，只能通过团购优惠券获得企业及商品信息。换言之，脱离了团购优惠券的帮助，不知情顾客不可能有机会做出最后的购买决策。只有基于团购优惠券传递的信息，不知情顾客才可以选择团购消费或门店消费或放弃消费。在模型的第一阶段，不知情顾客掌握的商品信息只来自团购优惠券，所以对商品并没有全面的了解，因此，我们用均值 θ 来表示不知情顾客对商品的初始估值。如果某不知情顾客在第一阶段通过团购或者门店消费的形式购买了商品，那么他则得到自己对该商品的具体估值 v，且该顾客在第二阶段基于对商品的具体估值 v 做出购买决策。以上假设条件意味着只要不知情顾客在第一阶段购买了商品，则其在第二阶段就会被转化为知情顾客。我们将所有的参数符号总结在表 3－1 中。

表 3－1 参数符号汇总

参数符号	含义
v	顾客对商品的估值
$G(v)$	v 的累积分布函数
θ	v 的均值
p	商品的市场行业价格
c	单位生产成本
δ	零售商的时间贴现因子
α	团购优惠券的价格折扣率
ξ	顾客对团购优惠券的易用感知程度
k	知情顾客占顾客总量的比例

在研究团购优惠券营销之前，我们先关注零售企业在不提供团购优惠券即

采用统一定价时的利润情况。在统一定价策略下，企业在两个阶段都分别只为顾客提供门店消费形式，商品零售价格为市场行业价格 p 且不提供任何价格折扣。显然，企业的市场需求只可能在知情顾客中产生，因为缺少团购优惠券的帮助（即广告作用），不知情顾客根本不知道企业及其商品的存在。如果某知情顾客对商品的估值 v 超过商品的零售价格 p，则该知情顾客会选择购买企业的商品。知情顾客选择购买企业商品的概率为 $Pr\{v>p\}=\bar{G}(p)$，那么基于统一定价，企业在两阶段的利润函数为

$$E\Pi(p) = k(p-c)(1+\delta)\bar{G}(p) \qquad (3-1)$$

我们将零售企业在统一定价下的两阶段的利润函数视为企业的基础利润，本章的主要目的是探索团购优惠券营销为企业带来的利润是否高于基础利润。在我们的模型中，商品的门店价格 p 受市场行业价格主导，企业只能在市场行业价格的基础上做出定价决策，即决定团购优惠券的折扣价格 $\alpha \cdot p$（其中 α 为商品价格折扣率）。换言之，p 被视为外生给定的参数，这一设定与文献 Narasimhan（1984）、Lu 和 Moorthy（2007）以及 Edelman 等（2016）保持一致。

3.3 单阶段团购优惠券营销决策

本节，我们引入单阶段团购优惠券营销并探究企业应该如何设计团购优惠券。在单阶段团购优惠券营销中，企业在第一阶段为顾客提供两种消费形式：没有折扣的门店消费和以折扣价 $\alpha \cdot p (\alpha \cdot p > c)$ 购买团购优惠券的团购消费；但企业在第二阶段只为顾客提供门店消费。在第一阶段，知情顾客和不知情顾客均会在对比两种消费形式给自己带来的消费者效用后做出购买决策。某知情顾客若选择购买团购优惠券，则可得到消费者效用 $U_{GB}^{Inf}=v\xi-\alpha p$；若选择门店消费，则可得到消费者效用 $U_{SB}^{Inf}=v-p$。不知情顾客在第一阶段对商品的初始估值为 θ，故某不知情顾客选择购买团购优惠券可得到消费者期望效用 $EU_{GB}^{Inf}=\theta\xi-\alpha p$；若选择门店消费，则得到消费者期望效用 $EU_{SB}^{Inf}=\theta-p$。

在第二阶段，所有在第一阶段购买过商品的顾客都会在 v 大于 p 的条件下再次购买商品。因此，在第一阶段购买过商品的顾客会在第二阶段再次购买商品的概率为 $Pr\{v>p\}=\bar{G}(p)$。从前面的分析可知，知情顾客因为清楚自己对商品的具体估值 v，所以如何做出购买决策在两个阶段皆是显而易见的。而我们主要关注的是不知情顾客在第一阶段的的购买行为。由于不同顾客对商

品的估值 v 可能存在较大差异，所以我们利用 v 的均值 θ 来描述不知情顾客对商品的初始估值可能会出现两种情况：①$\theta \geqslant p$，②$\theta < p$。这两种情况可以描述两种类型的顾客，即高估值类型顾客和低估值类型顾客。我们将分别针对如上两种情况讨论团购优惠券的最优设计。

3.3.1 针对高估值类型顾客

如果 $\theta \geqslant p$，显然所有的不知情顾客都愿意购买商品且能够接受商品原价。与顾客以折扣价格购买团购优惠券相比，顾客以原价进行门店消费给企业带来的边际利润更大，所以企业可以对团购优惠券设置严格的兑换限制条件，促使所有的不知情顾客选择门店消费。然而严格的兑换限制条件也会使企业失去部分对商品估值低于商品原价（即 $v < p$）的知情顾客。因为团购优惠券的价格折扣不足以抵消兑换限制条件给顾客带来的不便利，所以团购优惠券对这部分顾客会失去吸引力。总而言之，企业应该权衡如何利用顾客对团购优惠券的易用感知程度以及团购优惠券的价格折扣率两个因素，从而实现利润最大化。当 $\theta \geqslant p$ 时，我们提出定理 3.1，为企业的团购优惠券设计提供理论参考。

定理 3.1

当不知情顾客对商品的初始估值满足 $\theta \geqslant p$ 时，在单阶段团购优惠券营销中，企业只需设定团购优惠券的价格折扣率 α 以及顾客对团购优惠券的易用感知程度 ξ 满足 $\xi \leqslant \alpha (0 < \alpha \leqslant 1)$，则一定能够在统一定价基础上获得最大的利润增量，且最大的利润增量恒等于

$$\Delta E\Pi = (1-k)(p-c)(1+\delta \bar{G}(p)) \tag{3-2}$$

（证明参见附录 1）

定理 3.1 表明，对高估值类型的顾客提供单阶段团购优惠券营销，总能为企业带来更多的利润。与统一定价的情况相比，在团购优惠券的帮助下，所有的不知情顾客最终都购买了企业的商品，这肯定增加了企业的利润。更为有趣的发现是，在团购优惠券最优设计中，仅要求 $\xi \leqslant \alpha$ 成立，企业在单阶段团购优惠券营销中得到的最大利润增量是一个常值，且与决策变量 α 和 ξ 的具体取值无关。这为决策者设计团购优惠券提供了更广泛的自由空间。其核心思想是，无论提供什么样的价格折扣，企业都应该通过兑换限制条件的苛刻程度将顾客的易用感知程度控制在足够低的水平，从而阻止顾客选择团购优惠券。例如，某企业给其团购优惠券设计了非常的低的价格折扣率以吸引顾客眼球，同时又通过苛刻的兑换限制条件降低顾客对团购优惠券的易用感知程度，促使顾客选择门店消费。最后值得注意的是，在本情况中，团购优惠券只发挥了唯一

的作用——广告作用,并且最终没有任何顾客选择使用团购优惠券。

3.3.2 针对低估值类型顾客

如果 $\theta<p$,则顾客对商品的估值相对较低。显然,不知情顾客在第一阶段均不会选择以原价在门店消费商品或服务,只可能考虑使用团购优惠券。从直觉上讲,企业应该通过团购优惠券吸引尽可能多的不知情顾客,因为其中的部分顾客可能在第二阶段以原价再次购买商品。而对于知情顾客购买行为的分析则与 $\theta \geqslant p$ 的情况一致。虽然团购优惠券的价格折扣能够额外吸引对商品估值较低的顾客,但是却无法阻止一些知情顾客从门店消费转化为团购消费。我们在定理 3.2 中为企业提出了团购优惠券的最优设计。其中,顾客的易用感知程度是反应优惠券兑换限制条件苛刻程度的数值指针,企业可以根据这个数值指针设计团购优惠券的兑换限制条件。

定理 3.2

当不知情顾客对商品的初始估值满足 $\theta<p$ 时,存在阈值

$$\hat{k} = \frac{\theta^2}{p\theta(p-\theta)G'(p)+\theta^2(-G(p)+G(\theta)+1)} \quad (3-3)$$

使得,当 $k>\hat{k}$ 时,企业不应采取团购优惠券营销;当 $k \leqslant \hat{k}$ 时,企业应当采取团购优惠券营销,且最优的团购优惠券设计如下:

$$\alpha^* = \frac{\xi^*\theta}{p} \text{ 和 } \xi^* = R^{-1}(0) \quad (3-4)$$

其中 $R(\varepsilon)$ 是企业利润增量函数关于顾客对团购优惠券的易用感知程度 ξ 的一阶导函数,且

$$R(\xi) = \theta(1-\xi)^2 \left(1-k-kG(\theta)+kG\left(\frac{p-\theta\xi}{1-\xi}\right)\right)$$
$$-k(p-\theta)(p-\theta\xi)G'\left(\frac{p-\theta\xi}{1-\xi}\right) \quad (3-5)$$

(证明参见附录 2)

对于不知情顾客为低估值类型的情况,定理 3.2 首先利用知情顾客的比例参数 k 的相关阈值 $\hat{k}$ 引导企业决定是否有必要采取团购优惠券营销。很容易理解,团购优惠券营销通过吸引不知情顾客给企业带来了额外利润,同时也因为将一些知情顾客从门店消费转化为团购消费使企业遭受了利润损失。如果知情顾客的比例 k 足够高,团购优惠券营销给企业带来的额外利润无法弥补其所造成的损失,那么企业就不应该采取团购优惠券营销。因此,团购优惠券营销更适合一些新的、知名度较低的企业,这个发现与文献 Edelman 等(2016)

的结论一致。其次,定理 3.2 中的最优团购优惠券设计通过合理的价格折扣率以及适当的顾客易用感知程度吸引了足够多的对商品估值较低的知情顾客;同时也吸引了所有的不知情顾客使用团购优惠券,其中一部分顾客还会在第二阶段再次以原价购买商品。最后值得注意的是,在本情况中,团购优惠券营销同时发挥了广告作用和价格歧视作用,并能够提高企业利润。

推论 3.1

当不知情顾客对商品的初始估值满足 $\theta<p$ 且知情顾客的比例参数满足 $k\leqslant\hat{k}$ 时,团购优惠券的最优价格折扣率以及顾客的易用感知程度具有如下性质:①$\xi^*>\alpha^*$;②ξ^* 关于知情顾客的比例参数 k 单调递减。

从推论 3.1 的第一条结论可知,$\theta<p$ 时,团购优惠券最优设计中 ξ^* 与 α^* 的大小关系正好与 $\theta\geqslant p$ 情况下的结果相反。因为 $\theta<p$ 时,企业需要设计较高的易用感知程度吸引顾客购买团购优惠券。推论 3.1 的第二条结论说明,新的、相对不知名的企业应该设置较为宽松的兑换限制条件,使得顾客的易用感知程度处于较高水平以吸引不知情顾客使用团购优惠券;而相对知名的企业应该设置较为严格的兑换限制条件,使得顾客的易用感知程度处于较低水平以阻止知情顾客从门店消费转化为团购消费。

综上所述,在单阶段团购策略下,我们分两种情况讨论了企业是否应该向顾客提供团购优惠券,且基于价格折扣率和顾客易用感知程度两因素提出了团购优惠券的最优设计,为企业合理设计团购优惠券提供了理论指导。但是在现实中,我们发现有些企业的团购优惠券营销会持续较长时间,如 NYLO 酒店在高朋网上的团购优惠券出售时间长达几个月(Groupon.com,2015c),以及某餐饮企业在大众点评 App 上出售团购优惠券的时间长达几年(如图 3.1)。在下一节中,我们将研究双阶段团购优惠券营销,为企业是否应该长期采取团购优惠券营销带来一些新的启示。

3.4 双阶段团购优惠券营销决策

在双阶段团购优惠券营销中,企业在两个阶段均为顾客提供团购、门吉消费两种消费形式。

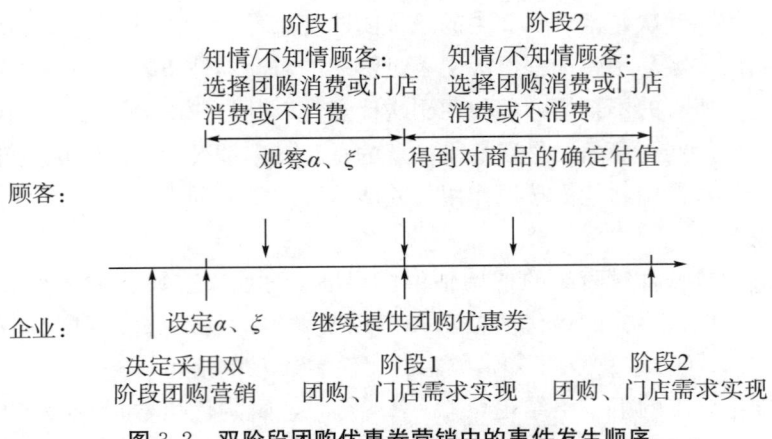

图 3.2 双阶段团购优惠券营销中的事件发生顺序

如图 3.2 所示,我们分别从顾客和企业角度描述两阶段团购优惠券营销中的事件发生顺序。因为我们在本节中的研究重点是企业是否应当在第二阶段持续向顾客提供与第一阶段相同的团购优惠券,所以在本节的团购优惠券营销中,企业仍然使用 3.3 节中的团购优惠券设计。因此,从模型角度出发,单阶段团购优惠券营销与双阶段团购优惠券营销的唯一区别仅在于相同的团购优惠券是否被提供了两次。基于以上假设,显然在单、双阶段的团购优惠券营销背景下,所有顾客在第一阶段的购买行为是完全相同的。

根据模型的基本假设条件我们可知,每位知情顾客在两阶段中总是清楚知道自己对商品的具体估值 v,而在第一阶段购买了商品的不知情顾客直到第二阶段才清楚自己对商品的具体估值 v。在第二阶段,任何顾客做出购买决策之前都会比较团购消费与门店消费带来的消费者效用。与 3.3 节一样,我们将分别在 $\theta \geqslant p$ 以及 $\theta < p$ 两种情况下探讨双阶段团购优惠券营销对企业利润的影响。

3.4.1 针对高估值类型顾客

对于高估值类型的顾客 $\theta \geqslant p$,企业会按照定理 3.1 中的团购优惠券设计在第一阶段提供团购优惠券,此时,团购优惠券只发挥广告作用,因为苛刻的兑换限制条件导致顾客对团购优惠券的易用感知程度处于过低水平,能有效促进不知情顾客选择在门店按原价消费。当在第二阶段持续提供定理 3.1 中的团购优惠券时,市场上的不知情顾客均已经被转化为知情顾客。如果不知情顾客已经不存在,则团购优惠券的广告作用也无处发挥。因此,持续在第二阶段提供团购优惠券，无论是对企业的利润还是对顾客的购买行为都不会产生任何影响。因此可以认为，当不知情顾客对商品的初始估值满足 $\theta \geqslant p$ 时，与单阶段团购优惠券营销相比，双阶段团购优惠券营销不会对企业的利润产生任何影响。

3.4.2 针对低估值类型顾客

对于低估值类型的顾客 $\theta < p$，企业应当根据定理 3.2 中的结论决定是否采取团购优惠券营销以及设计团购优惠券。在该情况下，我们易知单、双阶段团购优惠券营销对企业第一阶段利润产生的影响是完全相同的。但是在第二阶段，提供团购优惠券对企业利润的影响并不确定。下面，我们以企业在统一定价下的利润水平为基准，分别计算出单、双阶段团购优惠券营销给企业带来的利润增量。通过对比，揭示单、双阶段团购优惠券营销盈利能力的大小。为了简便，我们首先在表 3-2 中引入相应符号。

表 3-2 关于单、双阶段团购优惠券营销的符号汇总

符号	含义
d_{A1}^S	在第一阶段由单阶段团购营销引起的额外需求量
d_{A2}^S	在第二阶段由单阶段团购营销引起的额外需求量
d_T^S	由单阶段团购营销引起的团购总需求量
d_{A2}^D	在第二阶段由双阶段团购营销引起的额外团购需求量
d_{T2}^D	在第二阶段由双阶段团购营销引起的团购总需求量
r_0	d_{A2}^D 与 d_{T2}^D 的比率
r_1	$d_{A1}^S + \delta d_{A2}^S + \delta d_{A2}^D$ 与 $d_T^S + \delta d_{T2}^D$ 的比率
r_2	$d_{A1}^S + \delta d_{A2}^S$ 与 d_T^S 的比率

首先，我们将单阶段团购优惠券营销分别在第一、第二两个阶段为企业带来的额外需求量表示为

$$d_{A1}^S = k\left(G(p) - G\left(\frac{\alpha^* p}{\xi^*}\right)\right) + (1-k) \tag{3-6a}$$

$$d_{A2}^S = (1-k)\bar{G}(p) \tag{3-6b}$$

式（3-6a）表示在第一阶段，从不消费转化为团购消费的部分知情顾客以及全体不知情顾客。不知情顾客在得到自己对商品的具体估值 v 后，于第二阶段再次返回企业以原价购买商品，式（3-6b）表示在第二阶段再次购买

商品的不知情顾客需求量。在单阶段团购优惠券营销下的团购总需求量包括：部分从不消费转化为团购消费的知情顾客（对商品的估值较低 $v<p$），部分从门店消费转化团购消费的知情顾客（对商品的估值较高 $v \geqslant p$），以及全体不知情顾客，则可得单阶段团购优惠券营销下的团购总需求量为

$$d_T^S = k\left(G(p) - G\left(\frac{\alpha^* p}{\xi^*}\right)\right) + \left(G\left(\frac{p - \alpha^* p}{1 - \xi^*}\right) - G(p)\right) + (1 - k) \tag{3-7}$$

如果将单阶段的团购优惠券营销持续到第二阶段，可得团购优惠券在第二阶段引起的额外团购需求量为

$$d_{A2}^D = G(p) - G\left(\frac{\alpha^* p}{\xi^*}\right) \tag{3-8}$$

第二阶段的团购总需求量为

$$d_{T2}^D = G\left(\frac{p - \alpha^* p}{1 - \xi^*}\right) - G\left(\frac{\alpha^* p}{\xi^*}\right) \tag{3-9}$$

接下来，我将利用如下三个比值提出两类团购优惠券营销的利润占优条件。

$$r_0 = \frac{d_{A2}^D}{d_{T2}^D} \tag{3-10a}$$

$$r_1 = \frac{d_{A1}^S + \delta d_{A2}^S + \delta d_{A2}^D}{d_T^S + \delta d_{T2}^D} \tag{3-10b}$$

$$r_2 = \frac{d_{A1}^S + \delta d_{A2}^S}{d_T^S} \tag{3-10c}$$

定理 3.3

当不知情顾客对商品的初始估值满足 $\theta < p$ 时，企业应根据 $\alpha^* = \frac{\xi^* \theta}{p}$ 和 $\xi^* = R^{-1}(0)$ 设计团购优惠券，且单、双阶段两团购优惠券营销为企业带来的利润增量（以企业在统一定价策略下的利润水平为基准）有如下关系：

(1) 如果 $\frac{p - \alpha^* p}{p - c} < r_0$，则双阶段团购优惠券营销为企业带来的利润增量高于单阶段团购优惠券营销；

(2) 如果 $r_0 \leqslant \frac{p - \alpha^* p}{p - c} \leqslant r_1$，则双阶段团购优惠券营销为企业带来的利润增量低于单阶段团购优惠券营销；

(3) 如果 $r_1 < \frac{p - \alpha^* p}{p - c} \leqslant r_2$，则只有单阶段团购优惠券营销能为企业带来

正的利润增量；

（4）如果 $\frac{p-\alpha^* p}{p-c} > r_2$，则企业不应采取任何团购优惠券营销，其中

$$R(\xi) = \theta(1-\xi)^2 \left(1-k-kG(\theta)+kG\left(\frac{p-\theta\xi}{1-\xi}\right)\right) - k(p-\theta)(p-\theta\xi) G'\left(\frac{p-\theta\xi}{1-\xi}\right)$$

（证明参见附录3）

当不知情顾客为低估值类型顾客时，定理3.3利用三个阈值 r_0，r_1，r_2 明确指导企业应该如何在单、双阶段两类团购优惠券营销中做出最佳选择。首先，每类团购优惠券营销的盈利条件均由提供团购优惠券引起的单位损失与商品原价带来的边际利润之比即 $\frac{p-\alpha^* p}{p-c}$ 密切相关，并且比值 $\frac{p-\alpha^* p}{p-c}$ 的取值范围的边界点 r_i（$i=0$，1，2）具有统一的表达形式：即团购优惠券引起的额外需求量与团购总需求量之比。如果提供团购优惠券引起的单位损失与商品原价带来的边际利润之比不超过 r_0，此时企业应当选择双阶段团购优惠券营销。因为条件 $\frac{p-\alpha^* p}{p-c} \leq r_0$ 经整理后可表示为 $p-c \geq \frac{p-\alpha^* p}{r_0}$，即可认为如果商品的边际利润足够大，则双阶段团购优惠券营销优于单阶段团购优惠券营销。这一结果与文献Gupta等（2012）中关于团购优惠券营销的第一条建议相吻合。Gupta等（2012）对企业的第一条建议为：团购优惠券最适合销售边际利润高的商品。其次，企业也可根据对应条件选择单阶段团购优惠券营销。最后，若 $\frac{p-\alpha^* p}{p-c} > r_2$，则企业不应采取任何团购优惠券营销，因为两种团购优惠券营销给企业带来的利润增量均为负值。

综合定理3.2和定理3.3可知，当顾客对团购优惠券的易用感知程度具有同质性（即为常数）且不知情顾客为低估值类型顾客时，知情顾客比例的参数 k 决定团购优惠券设计的最优解是否存在，而比值 $\frac{p-\alpha^* p}{p-c}$ 决定两类团购优惠券营销盈利水平的高低。然而，现实中的顾客是具有异质性的，即使是同一组中的顾客（即同为知情顾客或同为不知情顾客），对相同的兑换限制条件也可能会产生不同的易用感知程度 ξ。所以我们决定放松 ξ 为常数的假设条件，在下一节中讨论当 ξ 具有随机性时，企业的团购优惠券营销决策。

3.5 具有异质性的顾客易用感知程度

在本章中,我们考虑企业无法得知顾客对团购优惠券易用感知程度 ξ 的精确值,只能对 ξ 的分布做出较精确的估计。我们假设顾客对团购优惠券易用感知程度 ξ 是一个随机变量,其概率密度函数为 $f(\xi)$ 以及累积分布函数为 $F(\xi)$。ξ 的分布通常与顾客的人口分布、心理状态、行为特征和地理环境等因素有关,不受企业控制。ξ 的不确定性明显加大了模型分析难度,因为不同的顾客会做出不同的购买决策。为了简便,我们进一步假设顾客对团购优惠券易用感知程度 ξ 和顾客对商品的估值 v 是两个相互独立的随机变量。通过对比单、双阶段团购优惠券营销给企业带来的利润变化,我们试图区分二者盈利水平的高低。

我们首先分析当顾客的易用感知程度不确定时,企业的单阶段团购优惠券营销决策。仍然分别考虑①$\theta \geqslant p$ 和②$\theta < p$ 两种情况。

3.5.1 针对高估值类型顾客

当 $\theta \geqslant p$ 时,对于不知情顾客,无论团购优惠券的兑换限制条件多么严格,企业也无法促使全体不知情顾客选择门店消费。因为顾客的易用感知程度具有不确定性,总有顾客愿意接受兑换限制条件。同样的,对于知情顾客,即使企业设计了非常苛刻的兑换限制条件,价格折扣率小于1的任何团购券设计都会吸引部分知情顾客从门店消费转化为团购消费。又因为企业的利润与团购优惠券的折扣率成正比,所以为了实现利润最大化,最优的团购优惠券折扣率应该设定为 $\alpha^* = 1$,即不打折,团购优惠券只发挥其广告作用。

3.5.2 针对低估值类型顾客

当 $\theta < p$ 时,企业可以通过求解利润最大化问题 $\max_{\alpha} \Delta E\Pi_{\theta < p}$ 得到最优的团购优惠券折扣率。因为该优化问题无法得到封闭解,所以我们将在3.6节的数值模拟实例中验证相关结论。

接下来,与3.4节相同,我们仍然关注企业是否应该在第二阶段提供与第一阶段相同的团购优惠券。当 $\theta \geqslant p$ 时,企业应该将团购优惠券的价格折扣率设为 $\alpha^* = 1$,只是将团购优惠券作为广告工具。显然与单阶段团购优惠券营销相比,双阶段团购优惠券营销并不会改变企业的利润。当 $\theta < p$ 时,对于给定

的最优团购优惠券价格折扣率 α^*，以企业在统一定价下的利润水平为基准，容易计算出单、双阶段团购优惠券营销给企业带来的利润增量。将两类团购优惠券营销给企业带来的利润增量进行对比，我们可以得到两类团购优惠券营销的利润占优条件，如定理 3.4 所示。有趣的是，即使顾客的易用感知程度具有不确定性，定理 3.3 中的三个阈值仍然能够刻画两种团购优惠券营销的盈利能力。r_0、r_1、r_2 的表达式如（3-10a、b、c）所示，其中

$$d_{A1}^S = k\left(G(p)\cdot(1-F(\alpha^*)) - \int_{\alpha^*}^1 G\left(\frac{\alpha^* p}{\xi}\right)\cdot f(\xi)\mathrm{d}\xi\right)$$
$$+ (1-k)\left(1-F\left(\frac{\alpha^* p}{\theta}\right)\right) \quad (3-11\mathrm{a})$$

$$d_{A2}^S = (1-k)\left(1-F\left(\frac{\alpha^* p}{\theta}\right)\right)(1-G(p)) \quad (3-11\mathrm{b})$$

$$d_T^S = k\int_{\alpha^*}^1 \left(G\left(\frac{p-\alpha^* p}{1-\xi}\right) - G\left(\frac{\alpha^* p}{\xi}\right)\right)\cdot f(\xi)\mathrm{d}\xi + (1-k)\left(1-F\left(\frac{\alpha^* p}{\theta}\right)\right)$$
$$(3-12)$$

$$d_{A2}^D = \left(k+(1-k)\left(1-F\left(\frac{\alpha^* p}{\theta}\right)\right)\right)\left(G(p)(1-F(\alpha^*))\right.$$
$$\left. - \int_{\alpha^*}^1 G\left(\frac{\alpha^* p}{\xi}\right)\cdot f(\xi)\mathrm{d}\xi\right) \quad (3-13)$$

$$d_{T2}^D = \left(k+(1-k)\left(1-F\left(\frac{\alpha^* p}{\theta}\right)\right)\right)\int_{\alpha^*}^1 \left(G\left(\frac{p-\alpha^* p}{1-\xi}\right) - G\left(\frac{\alpha^* p}{\xi}\right)\right)\cdot f(\xi)\mathrm{d}\xi$$
$$(3-14)$$

定理 3.4

当不知情顾客对商品的初始估值满足 $\theta<p$，且顾客的易用感知程度具有异质性时，对于给定的团购优惠券价格折扣率 α^*，企业应根据如下条件选择团购优惠券营销：

（1）如果 $\dfrac{p-\alpha^* p}{p-c}<r_0$，则双阶段团购优惠券营销为企业带来的利润增量高于单阶段团购优惠券营销；

（2）如果 $r_0 \leqslant \dfrac{p-\alpha^* p}{p-c} \leqslant r_1$，则双阶段团购优惠券营销为企业带来的利润增量低于单阶段团购优惠券营销；

（3）如果 $r_1 < \dfrac{p-\alpha^* p}{p-c} \leqslant r_2$，则只有单阶段团购优惠券营销能为企业带来正的利润增量；

(4) 如果 $\frac{p-\alpha^* p}{p-c}>r_2$，企业可不采取任何团购优惠券营销。

（证明参见附录4）

定理3.3和定理3.4都表明，企业可以根据提供团购优惠券引起的单位损失与商品原价带来的边际利润之比 $\frac{p-\alpha^* p}{p-c}$ 来选择最佳的团购优惠券营销策略。简而言之，企业可以在 $\frac{p-\alpha^* p}{p-c}<r_0$ 时采用双阶段团购优惠券营销，即长期提供团购优惠券，在 $r_0 \leqslant \frac{p-\alpha^* p}{p-c}<r_2$ 时采用单阶段团购优惠券营销，即短期提供团购优惠券，其他情况均不提供团购优惠券。总之，结果表明，无论是在顾客易用感知程度同质还是异质的情况下，单、双阶段团购优惠券营销的利润占优条件均相同，即具有稳定性。

综合以上研究结果，我们可以发现，无论顾客对团购优惠券的易用感知程度具有同质性还是异质性，单、双阶段团购优惠券营销盈利能力的大小关系的判定方法都是相同的。

推论 3.2

在顾客对团购优惠券的易用感知程度同质或是异质的条件下：①当不知情顾客对商品的初始估值满足 $\theta \geqslant p$ 时，单、双阶段的团购优惠券营销的盈利能力无区别；②当不知情顾客对商品的初始估值满足 $\theta<p$ 时，单、双阶段团购优惠券营销的盈利能力的大小关系由比值 $\frac{p-\alpha^* p}{p-c}$ 的取值决定。

我们用模型中的单、双阶段团购优惠券营销分别代表企业的短期、长期团购优惠券营销。根据推论3.2可知，企业对于短期、长期团购优惠券营销的合理选取首先与不知情顾客对商品的初始估值 θ 有关。若 $\theta \geqslant p$，企业只需采用短期团购优惠券营销；若 $\theta<p$，企业需根据比值 $\frac{p-\alpha^* p}{p-c}$ 的大小对长、短期团购优惠券营销进行取舍。

3.6 数值模拟分析

本节用数值模拟探索更多关于团购优惠券营销的管理内涵。前三项数值分析是为了观察单阶段团购优惠券营销中团购优惠券的设计，后两项数值分析是为了检验单、双阶段两种团购优惠券营销的盈利能力。

首先,我们在考虑顾客易用感知程度为常数的情况下,进行数值分析1和数值分析2。通过对参数赋值 $p=45$,$\theta=40$,$v \sim U[20, 60]$,$c=30$ 以及 $\delta=0.8$,我们得到图3.3。数值分析1描述了最优的顾客易用感知程度 ξ^* 关于参数 k 的敏感性分析结果。最优的顾客易用感知程度 ξ^* 是兑换限制条件苛刻程度的数值指针,企业根据 ξ^* 设计优惠券的兑换限制条件。

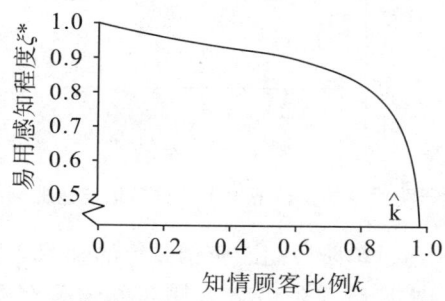

图 3.3 最优的顾客易用感知程度 ξ^* 与知情顾客比例 k 的关系

如图3.3所示,如果知情顾客的比例参数 k 不超过阈值 $\hat{k}$(该算例中 $\hat{k}=0.984$),企业需通过设计团购优惠券的兑换限制条件使得顾客的顾客易用感知程度达到 ξ^*($0 < \xi^* \leq 1$)。但是如果参数 k 超过阈值 $\hat{k}$,ξ^* 小于0,此时企业没有必要采取团购优惠券营销。此外,我们可以发现,最优的顾客易用感知程度 ξ^* 关于参数 k 单调递减。这说明新的、相对不知名的企业应该设置较宽松的兑换限制条件,使得顾客产生较高的易用感知程度以吸引不知情顾客使用团购优惠券,而相对知名的企业应该设置较严格的兑换限制条件,使得顾客产生较低的易用感知程度以阻止知情顾客从门店消费转化为团购消费。

在数值分析2中,针对不知情顾客为低估值类型顾客的情况,我们观察不知情顾客在第一阶段对商品的初始估值 θ 与商品的市场行业价格 p 之间的差距如何影响单阶段团购策略带给企业的利润增量。通过对参数赋值 $\theta=40$,$v \sim U[20, 60]$,$c=30$,$k=0.5$ 以及 $\delta=0.8$,我们得到图3.4。

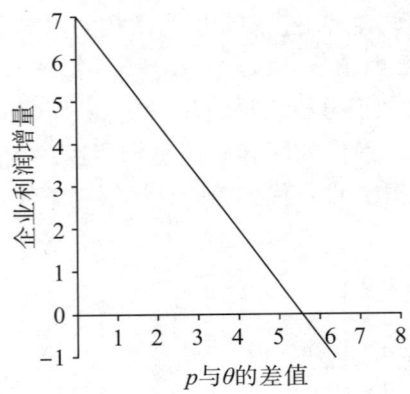

图 3.4 单阶段团购优惠券营销下 p 与 θ 的差值与企业利润增量的关系

图 3.4 表明，企业通过单阶段团购营销获得的利润增量关于 p 与 θ 的差值单调递减。如果商品的市场行业价格 p 高于不知情顾客在第一阶段对商品的初始估值 θ 过多，则单阶段团购营销只能给企业带来负的利润增量，此时采用团购优惠券营销只会让企业遭受损失。因为企业只能设定足够低的价格折扣率吸引不知情顾客，当 p 和 θ 之间的差距太大时，不知情顾客为企业带来的额外利润无法弥补部分知情顾客从门店消费转化为团购消费造成的损失，故企业的利润从总体上受损。

当顾客对团购优惠券的易用感知程度具有异质性时，为了检验团购优惠券的最优价格折扣率 α^* 的存在性，我们在数值分析 3 中分别假设顾客易用感知程度 ξ 服从均匀分布以及正态分布。通过对参数赋值 $p=45$，$\theta=40$，$v \sim U[20, 60]$，$c=30$，$\delta=0.8$，$k=0.5$，以及 $\xi \sim N[0.5, 0.5^2]$ 或 $\xi \sim U[0, 1]$，我们对最优价格折扣率 α^* 分别作了关于参数 p，c，k 的敏感性分析，如图 3.5 所示。

图 3.5 首先显示，当 ξ 具有不确定性时，最优价格折扣率 α^* 在绝大多数情况下均存在。当假设 $\xi \sim N[0.5, 0.5^2]$ 时，最优价格折扣率 α^* 分别关于商品的市场行业价格 p，单位生产成本 c，知情顾客人数比例 k 的敏感性分析结果展示在图 3.5 的第一列中。当假设 $\xi \sim U[0, 1]$ 时，α^* 的相应敏感性分析结果如图 3.5 第二列所示。

3 顾客易用感知程度与团购优惠券营销

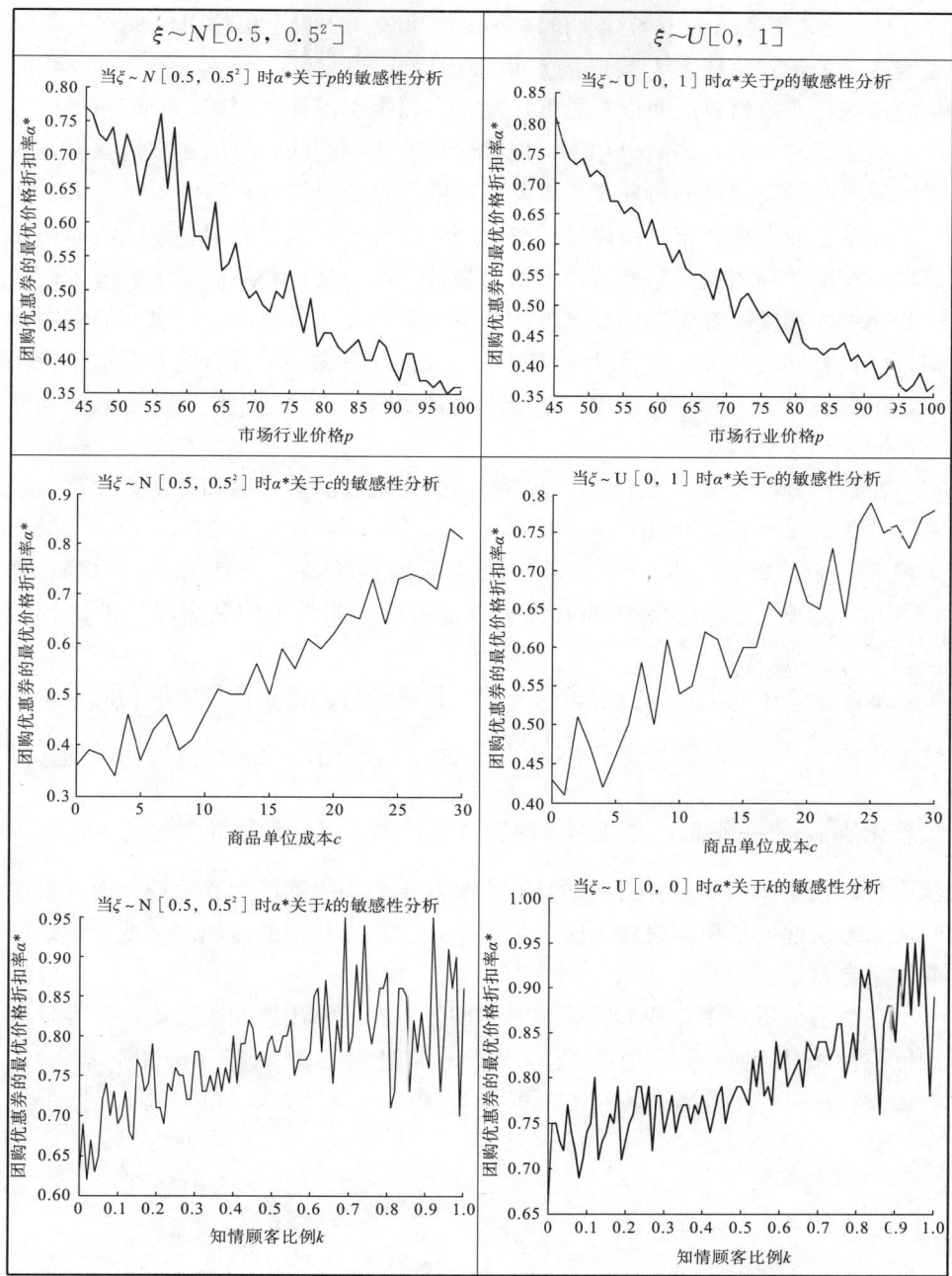

图 3.5 ξ 具有异质性时最优价格折扣率 α^* 的敏感性分析

基于不同的随机分布假设,我们可以从图 3.5 中大致观察出最优价格折扣

率 α^*：①关于商品的市场行业价格 p 单调递减。②关于单位生产成本 c 单调递增。③关于知情顾客人数比例 k 单调递增。这些结果暗示，企业应该在商品的市场行业价格较高时设定较低折扣率，以吸引不知情顾客；应该在单位生产成本较高时设定较高的折扣率，以确保正的边际利润；应该在知情顾客人数比例较高时设定较高的折扣率，以降低团购优惠券对知情顾客的吸引力。

如果企业考虑在第二阶段持续提供团购优惠券，为了确定企业应该如何在短期、长期两种团购优惠券营销中做出最佳选择，我们在最后两个数值分析中检验两种团购优惠券营销的盈利能力。下面分别在顾客对团购优惠券的易用感知程度具有同质性或者异质性的情况下，以企业在统一定价时的利润水平为基准，用数值分析 4 和 5 比较单、双阶段两种团购优惠券营销给企业带来的利润增量的大小。

在数值分析 4 中，我们假设顾客对团购优惠券的易用感知程度为常数，且对参数赋值 $p=45$，$\theta=40$，$\delta=0.8$，$v \sim U[20, 60]$，$c=30$，$k=0.7$。根据定理 3.2 中的结果，很容易计算出团购优惠券的最优设计为 $\xi^*=0.81$ 且 $\alpha^*=0.72$。单、双阶段两种团购优惠券营销给企业带来的利润增量的比较结果如图 3.6 所示。

从图 3.6 中我们可以发现，两种团购优惠券营销给企业带来的利润增量均关于比值 $\dfrac{p-\alpha^* p}{p-c}$ 单调递减。企业关于长期、短期团购优惠券营销的最佳选择随着比值 $\dfrac{p-\alpha^* p}{p-c}$ 取值的变化而不同。此外，提供团购优惠券引起的单位损失较小时，长期团购优惠券营销的盈利水平高于短期团购优惠券营销；而提供团购优惠券引起的单位损失较大时，长期团购优惠券营销的盈利水平低于短期团购优惠券营销。

在数值分析 5 中，我们在顾客对团购优惠券的易用感知程度为随机变量时比较两种团购优惠券营销的盈利水平。通过对参数赋值 $p=45$，$\theta=40$，$\delta=0.8$，$v \sim U[20, 60]$，$\xi \sim U[0, 1]$，$c=30$，$k=0.5$，可得图 3.7。

3 顾客易用感知程度与团购优惠券营销

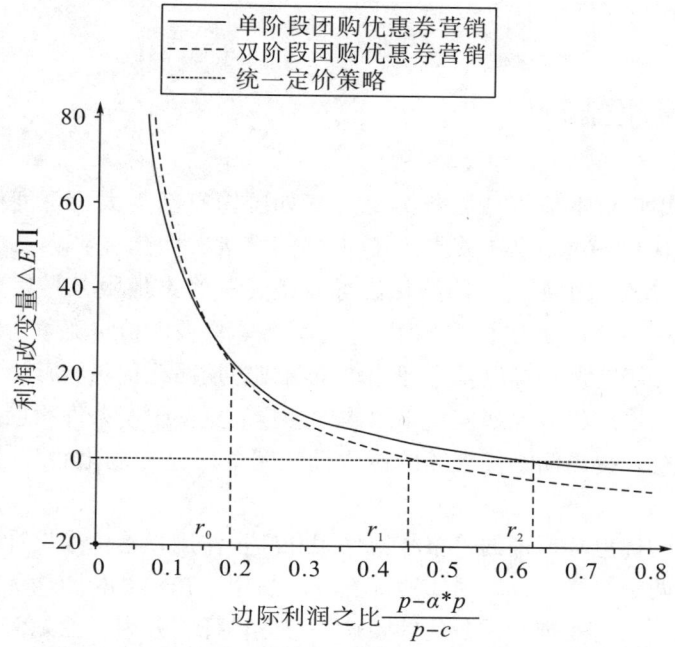

图 3.6 ξ 具有同质性时两种团购优惠券营销给企业带来的利润增量的比较

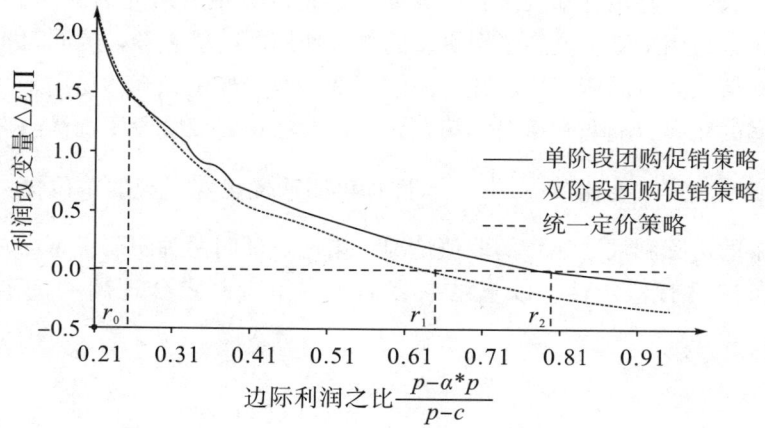

图 3.7 ξ 具有异质性时两种团购优惠券营销给企业带来的利润增量的比较

图 3.7 显示的结果与图 3.6 相似。企业应该在 $\dfrac{p-\alpha*p}{p-c}<r_0$ 时，长期提供团购优惠券；在 $r_0 \leqslant \dfrac{p-\alpha*p}{p-c}<r_2$ 时，短期提供团购优惠券；其他情况下不需提供团购优惠券。此外，图 3.6 和图 3.7 也展示了两种营销策略利润占优条件

73

的稳定性。

3.7　本章小结

在手机用户对本地生活服务类 App（如国内有新美大、百度糯米、阿里口碑，国外有 Groupon 等）黏性日益增加的今天，团购优惠券已成为本地化 O2O 的一种常态营销工具。团购优惠券营销无疑为本地服务零售企业带来了福音，但是在一定程度上也可能加剧本地服务零售业的价格竞争。因此，企业能否合理设计团购优惠券以及合理选取长期或短期团购优惠券营销，直接影响其盈利水平。本章将研究如何利用团购优惠券的兑换限制条件帮助企业对顾客实施价格歧视，提出团购优惠券的最优设计完全切合本地化 O2O 持续发展的需要。

基于团购优惠券营销的价格歧视作用和广告作用，本章在设计团购优惠券时同时考虑两个因素：顾客对团购优惠券的易用感知程度和团购优惠券的价格折扣率。我们为企业推荐了最优的团购优惠券设计，并为企业如何在单、双阶段团购优惠券营销中做出合理选择提供了理论参考。最后，将模型扩展到顾客对团购优惠券的易用感知程度具有异质性的情况。主要研究结果如下：第一，较高的顾客易用感知程度会吸引更多的顾客使用团购优惠券，但同时也会使得更多的知情顾客从门店消费转化为团购消费，所以权衡顾客的易用感知程度对企业利润的双向影响非常重要。第二，企业对在单、双阶段团购优惠券营销的选择主要取决于重要比值 $\frac{p-\alpha^* p}{p-c}$ （即提供团购优惠券引起的单位损失与商品原价带来的边际利润之比）的取值情况。第三，证明两种团购优惠券营销的利润占优条件具有稳定性。以上结果有助于决策者制定合理团购优惠券营销决策。

4　顾客移动可及率与移动目标营销

4.1　引言

基于地理位置服务的移动目标营销（以下简称移动目标营销）属于顾问型O2O的一种广告营销模式。具体定义为：本地服务零售企业通过移动互联网基于地理位置服务（Location-based service，简称LBS）技术获得顾客的实时地理位置，对不同地理位置的顾客推送不同折扣信息的营销模式。

随着智能手机的普及，大量的手机应用（App）已经融入了人们的日常生活，越来越多的手机用户接受并逐渐依赖基于LBS的服务。但是，仍然有顾客出于隐私安全方面的担忧而不愿意分享自己的位置信息。所以，能通过移动手机获得商品折扣信息的顾客人数比例——顾客移动可及率，对移动目标营销效果的影响不可忽视。零售企业可通过投资开发手机App或者有偿使用第三方手机App向目标顾客推送广告信息，且可以基于App提供的数据估计顾客的移动可及率。如京东在年度财务报告中披露，2014年至2017年，移动终端App的订单量分别占订单总量的36%（JD 2014）、61.4%（JD 2015）、78.3%（JD 2016）和80%（JD 2017），则京东可根据以上数据估计各年的顾客移动可及率。此外，顾客在移动目标营销中可能发生摘樱桃行为。顾客的摘樱桃行为是指，顾客为了得到更低的折扣价格，花费额外的交通成本移动到更远的地方，获得折扣价格后再到零售企业处提取商品或享受服务。本章将同时考虑顾客移动可及率以及顾客的摘樱桃行为两个因素，探讨企业如何制定移动目标营销决策。

我们先后在顾客移动可及率对称以及不对称两种情形下，研究零售企业的移动目标营销决策。通过对比所得结果，展示顾客移动可及率的不对称性对零售企业的移动目标营销决策的影响。另外，我们在考虑顾客摘樱桃行为的同时，还考虑了零售企业能够设法防止顾客摘樱桃行为发生的情况。如Chen等

(2015) 提到，一些新的位置追踪分析技术程序软件（如 PlaceIQ、JiWire）已经可以基于顾客的历史消费活动及社交网络信息分析出顾客的"基本位置"。零售企业可以基于以上内容对顾客推送营销信息，而不是基于顾客的实际地理位置推送商品折扣信息，从而有效防止顾客摘樱桃且避免利润损失。我们将以上营销方式称为"限定顾客位置"的移动目标营销。最后，我们将"允许顾客摘樱桃"和"限定顾客位置"的移动目标营销的盈利水平进行对比。首先，揭示在移动可及率不对称的竞争环境下，顾客的摘樱桃行为对零售企业的利润同时存在正面、负面影响；其次，证明在一定条件下，企业应该鼓励顾客的摘樱桃行为。

4.2 问题描述与模型假设

假设零售企业 A 和 B 分别位于单位线段两端，且分别以价格 p_A 和 p_B 出售可替代的商品。为了简便，设零售企业的单位生产成本为 0。每位顾客最多购买一件商品，且顾客总数量单位化为 1。任一顾客的位置 x 服从 $[0,1]$ 上的均匀分布。每位顾客对两零售企业商品的保留效用均为 v。借鉴文献 Chen 等 (2015)，我们在模型中考虑顾客购买商品的往返交通成本。如位于 x（$0 \leqslant x \leqslant 1$）处的顾客选择购买 A 或 B 的商品分别花费交通成本 $2tx$ 或 $2t(1-x)$，其中 t 为单位交通成本。那么顾客选择在零售企业 A 或者 B 购买商品的消费者效用可分别表示为 $U_A = v - 2tx - p_A$ 或 $U_B = v - 2t(1-x) - p_B$。基本参数符号汇总见表 4-1。

表 4-1 基本参数符号汇总

参数符号	含义
p_i	零售企业 i 的商品价格 $[i=(A, B)]$
x	顾客的位置
v	顾客对商品的保留效用
t	顾客单位交通成本
p_{it}	零售企业 i 推送至自身领地内顾客的折扣价格
p_{im}	零售企业 i 推送至中间区域内顾客的折扣价格
p_{ir}	零售企业 i 推送至竞争对手领地内顾客的折扣价格
λ_i	顾客关于零售企业 i 的移动可及率

在给定顾客对商品的保留效用 v 的情况下，很容易发现，零售企业 A 最多可以得到位于 $[0, x_A]$ 的顾客（其中 $x_A = \dfrac{v - p_A}{2t}$），因为这些顾客选择购买 A 的商品会得到非负的消费者效用，即 $U_A \geqslant 0$。因此，零售企业 A 的期望市场份额为 x_A，期望利润函数为 $p_A x_A$，零售企业 A 通过最大化期望利润 $\text{Max}_{p_A}(p_A x_A)$，从而确定商品价格 p_A。同理我们可得，选择购买零售企业 B 商品的顾客位于 $[x_B, 1]$（其中 $x_B = 1 - \dfrac{v - p_B}{2t}$），零售企业 B 的期望利润函数为 $p_B (1 - x_B)$，B 通过最大化期望利润 $\text{Max}_{p_B}[p_B(1 - x_B)]$，从而确定商品价格 p_B。通过计算可得，两零售企业在统一定价策略中的均衡价格分别为

$$p_A^* = p_B^* = \frac{v}{2} \qquad (4-1\text{a})$$

且 $x_A = \dfrac{v}{4t}$ 及 $x_B = 1 - \dfrac{v}{4t}$ （4-1b）

我们将零售企业占领的市场份额称为零售企业的"领地"。那么零售企业 A、B 的领地分别为 $[0, x_A]$、$(x_B, 1]$。为了保证位于零售企业 i（$i = A, B$）领地内的顾客一定会购买 i 的商品，我们假设 $v \leqslant 2t$。显然，位于 x_A 和 x_B 之间的顾客不会购买任何商品，我们将 $[x_A, x_B]$ 称为中间区域。在两零售企业均不采取移动目标营销的情况下，它们的均衡期望利润分别为 $E\Pi_{A0}^* = E\Pi_{B0}^* = \dfrac{v^2}{8t}$。但如果零售企业采取移动目标营销，那么双方都会竞相吸引中间区域的顾客以扩大市场份额，从而提高利润。

4.3 对称环境下的移动目标营销决策

在本节中，我们主要在顾客移动可及率对称的环境下讨论两竞争零售企业的移动目标营销决策，所得结果将作为顾客移动可及率不对称环境下移动目标营销的比较基准。我们将顾客对零售企业 A 和 B 的移动可及率分别记作 λ_A 及 λ_B，在对称环境下，有 $\lambda_A = \lambda_B = 1$。下面依次讨论在"限定顾客位置"和"允许顾客摘樱桃"的移动目标营销中，两零售企业的均衡决策。企业在移动目标营销中需要制定定位以及定价决策。定位决策是指企业决定对位于什么地理位置的顾客推送商品折扣信息；定价决策是指企业决定对给定地理位置的顾客推送的折扣价格是多少。

4.3.1 限定顾客位置

我们首先考虑"限定顾客位置"的移动目标营销,即零售企业根据追踪分析技术程序软件数据提供的顾客"基本位置"向顾客推送折扣信息,直接杜绝顾客发生摘樱桃行为。在"限定顾客位置"的移动目标营销中,零售企业不仅致力于吸引中间区域的顾客,而且也存在动机"偷猎"对方"领地"内的顾客。

假设零售企业 A 或 B 对自己领地内的顾客推送折扣价格 p_{it} ($p_{it} \leqslant p_i$, $i = A, B$),对中间区域的顾客推送折扣价格 p_{im} ($p_{im} \leqslant p_{it}$, $i = A, B$),对竞争对手领地内的顾客推送折扣价格 p_{ir} ($p_{ir} \leqslant p_{im}$, $i = A, B$)。在移动目标营销下,本书将零售企业的定位决策分为如下两类:激进型定位决策和保守型定位决策。激进型定位决策指将商品折扣信息推送至竞争对手领地内的顾客,旨在"偷猎"对手的顾客;保守型定位决策则不会推送商品折扣信息至竞争对手领地。显然,若某零售企业选择激进型定位决策,那么竞争对手一定会以相同的方式反击。在对称竞争环境下,零售企业在对手领地偷走的顾客数量与自己领地中被对手偷走的顾客数量必然相等,又因为价格 p_{ir} 为零售企业带来的边际利润低于价格 p_{it},所以零售企业的最佳选择并不是激进型定位决策,而是保守型定位决策。

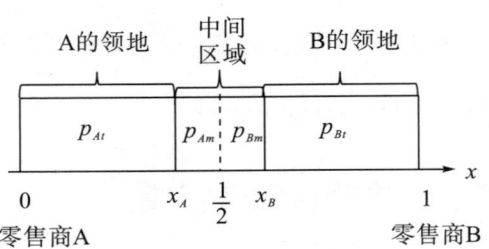

图 4.1 "限定顾客位置"的移动目标营销

当零售企业采取"限定顾客位置"的移动目标营销时,如图 4.1 所示,位于 $[0, x_A)$ 的顾客会收到折扣价格 p_{At} 并选择购买 A 的商品,位于 $(x_B, 1]$ 的顾客会收到折扣价格 p_{Bt} 并选择购买 B 的商品。位于中间区域 $[x_A, x_B]$ 的顾客会根据零售企业推送的折扣价格 p_{im} ($i = A, B$) 所带来的消费者效用做出购买决策。值得强调的是,虽然中间区域的顾客数量 ($x_B - x_A$) 关于单位交通成本单调递增,但因为不用顾忌领地内顾客的摘樱桃行为,两零售企业始终能够通过推送足够低的折扣价格给中间区域的顾客以吸引他们购买商品,且最终平分中间区域的市场份额。我们将零售企业采取移动目标营销与不采取任何营销手段（即统一定价）的利润差值称为"利润改变量"（下同），那么"限定顾客位置"的移动目标营销给两零售企业带来的利润改变量分别如下：

$$\Delta E\Pi_A = E\Pi_A - E\Pi_{A0}{}^* = p_{At} x_A + p_{Am}\left(\frac{1}{2} - x_A\right) - \frac{v^2}{8t} \quad (4-2a)$$

$$\Delta E\Pi_B = E\Pi_B - E\Pi_{B0}{}^* = p_{Bt}(1-x_B) + p_{Bm}\left(x_B - \frac{1}{2}\right) - \frac{v^2}{8t}$$
$$(4-2b)$$

对于中间区域 $[x_A, x_B]$，可知位于 $x_A < x \leqslant \frac{v - p_{Am}}{2t}$ 的顾客会接受 A 的折扣价格 p_{Am} 并购买 A 的商品，因为 p_{Am} 给这些顾客带来的消费者效用非负，即 $U_{Am} = v - 2tx - p_{Am} \geqslant 0$ 成立；同理可得，位于 $\frac{2t - v + p_{Bm}}{2t} \leqslant x < x_B$ 的顾客会接受 B 的折扣价格 p_{Bm} 并购买 B 的商品，因为 p_{Bm} 给这些顾客带来的消费者效用非负，即 $U_{Bm} = v - 2t(1-x) - p_{Bm} \geqslant 0$ 成立。为了充分保证零售企业存在提供移动目标营销的动机，我们假设折扣价格为 0，那么所有的顾客皆乐于得到免费的商品。当中间区域的推送折扣价格 $p_{im} = 0$（$i = A, B$）时，如果 $t > \frac{3}{4}v$，则可得 $\frac{v - p_{Am}}{2t} < x_B$ 或者 $x_A < \frac{2t - v + p_{Bm}}{2t}$ 成立。这说明，如果单位交通成本过高即 $t > \frac{3}{4}v$ 时，零售企业即使提供免费的折扣价格，中间区域仍然存在顾客因为无法承担过高的交通成本而放弃得到商品的情况。所以如上假设条件可以表示为 $t \leqslant \frac{3}{4}v$，即 $t \leqslant \frac{3}{4}v$ 可以保证零售企业存在提供移动目标营销的动机。中间区域的顾客与任一零售企业都相距较远的距离，所以交通成本对其购买行为有着重要影响。结合关于顾客对商品的保留效用 v 的假设条件 $v \leqslant 2t$，我们将模型中关于单位交通成本 t 的假设条件整理为 $\frac{1}{2}v < t \leqslant \frac{3}{4}v$，条件 $\frac{1}{2}v < t \leqslant \frac{3}{4}v$ 正好可以确保零售企业能够通过移动目标营销覆盖全部市场。

接下来我们讨论零售企业如何制定移动目标营销的均衡定价决策。我们先分析零售企业的折扣价格需要满足什么约束条件。为了最大化利润改变量，零售企业推送至中间区域的折扣价格应该避免过度竞争。因为位于 $x_A < x \leqslant \frac{v - p_{Am}}{2t}$ 的顾客会接受 p_{Am}，位于 $\frac{2t - v + p_{Bm}}{2t} \leqslant x < x_B$ 的顾客会接受 p_{Bm}，所以

p_{im}（$i=A$，B）只需满足 $\frac{v-p_{Am}}{2t} \leqslant \frac{2t+p_{Bm}-v}{2t}$ 则可避免过度竞争。即中间区域的折扣价格需满足约束条件 $p_{Am}+p_{Bm} \geqslant 2v-2t$，否则过低的折扣价格 p_{im} 只会降低商品的边际利润，却无法继续提高市场份额。此外，零售企业推送至自己领地的折扣价格 p_{it} 不能高于统一定价的均衡价格 p_i（如式 4-1a 所示），否则折扣价格便失去了意义。综上，在"限定顾客位置"的移动目标营销中，零售企业可以通过求解如下优化问题得到均衡定价决策，求解结果见定理 4.1。

$$\max_{p_{At},p_{Am}} \Delta E\Pi_A, \text{s.t.} \begin{cases} p_{At} \leqslant \frac{1}{2}v \\ p_{At} \geqslant p_{Am} \geqslant 2v-2t-p_{Bm} \end{cases} \quad (4-3a)$$

$$\max_{p_{Bt},p_{Bm}} \Delta E\Pi_B, \text{s.t.} \begin{cases} p_{Bt} \leqslant \frac{1}{2}v \\ p_{Bt} \geqslant p_{Bm} \geqslant 2v-2t-p_{Am} \end{cases} \quad (4-3b)$$

定理 4.1

如果零售企业在顾客移动可及率对称的环境下提供"限定顾客位置"的移动目标营销，双方均应采取保守型定位决策，均衡折扣价格分别为：$p_{At}^* = p_{Bt}^* = \frac{1}{2}v$，以及 $p_{Am}^* = p_{Bm}^* = v-t$。

（证明参见附录 5）

根据等式（4-1a）中零售企业统一定价的最优价格，我们可以发现，零售企业对自己领地内的顾客推送的折扣价格 p_{it}^* 与统一定价 p_i^* 相等，所以零售企业不存在对自身领地内顾客降价的动机。对零售企业双方而言，利用移动目标营销提高利润的最佳途径就是尽可能地吸引中间区域的顾客购买商品。此外，定理 4.1 中的均衡价格 p_{im}^* 关于单位交通成本 t 单调递减，可见交通成本对中间区域顾客的购买决策有重要影响。

4.3.2 允许顾客摘樱桃

下面我们考虑零售企业通过移动手机 App 或是发送短信息等方式，根据目标顾客的实时地理位置推送商品折扣信息。专门买"便宜货"的顾客可能愿意移动至更远的地点以获得更低的折扣价格。与"限定顾客位置"的移动目标营销相同，假设零售企业 A 或 B 分别推送折扣价格 p_{it}，p_{im} 和 p_{ir}（$p_i \geqslant p_{it} \geqslant p_{im} \geqslant p_{ir}$，$i=A$，$B$）到自己领地、中间区域和对手领地，如图 4.2 所示。

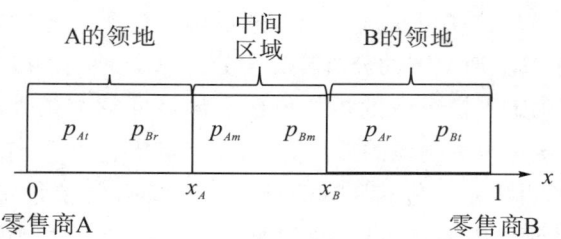

图 4.2 "允许顾客摘樱桃"的移动目标营销

首先,我们需要具体讨论顾客的摘樱桃行为。摘樱桃的行为的发生顺序为:顾客先移动至较远的地点获得较低的折扣价格,然后到零售企业处完成线上支付及线下体验,最后返回自己的初始位置。①观察零售企业 A 领地内的顾客,他们分别收到由零售企业 A 和 B 推送的折扣价格 p_{At} 和 p_{Br},但是顾客们有动机移动至中间区域的左边界点 x_A 摘取"樱桃 p_{Am}",或者选择移动至 B 领地的左边界点 x_B 摘取"樱桃 p_{Ar}"。如果位于地点 $x \in [0, x_A]$ 的顾客决定摘取"樱桃 p_{Am}",他首先需要移动至地点 x_A 得到折扣价格 p_{Am},然后移动到零售企业 A 的地点 $x=0$ 完成线上支付及线下体验,最后返回到初始位置 x。可知这位顾客为了摘取"樱桃 p_{Am}"需要承担的交通成本为 $2t\, x_A$。用相同的步骤可得出这位顾客为了摘取"樱桃 p_{Ar}"需要承担的交通成本为 $2t\, x_B$。将等式(4-1b)代入摘樱桃的交通成本,可得顾客通过摘樱桃得到某折扣价格的交通成本是固定的,与该顾客具体地理位置无关。显然,摘取"樱桃 p_{Am}"的交通成本低于"樱桃 p_{Ar}",但是折扣价格 p_{Am} 却高于 p_{Ar},因此,顾客需要权衡低折扣价格省下的经济支出与多承担的交通成本之间的得失,再决定摘取"樱桃 p_{Am}"还是"樱桃 p_{Ar}"。②再观察中间区域的顾客,他们会收到分别来自零售企业 A 和 B 的推送折扣价格 p_{Am} 和 p_{Bm},但是顾客们有动机选择移动至 A 领地的右边界点 x_A 摘取"樱桃 p_{Br}",或者选择移动至 B 领地的左边界点 x_B 摘取"樱桃 p_{Ar}"。如果位于地点 $x \in [x_A, x_B]$ 的顾客决定摘取"樱桃 p_{Ar}",他须历经的路径为从 x 移动至地点 x_B 得到折扣价格 p_{Ar},然后移动到零售企业 A 的地点 $x=0$ 完成支付并提取商品,最后返回到初始位置 x,所以摘取"樱桃 p_{Ar}"需要支付的交通成本为 $2t\, x_B$。同理可得,该顾客摘取"樱桃 p_{Br}"需要支付的交通成本为 $2t(1-x_A)$。代入等式(4-1b),我们发现 $2t\, x_B = 2t(1-x_A)$ 恒成立,即中间区域的顾客摘取"樱桃 p_{Br}"及"樱桃 p_{Ar}"所需支付的交通成本相等。那么如果 $p_{Ar}=p_{Br}$,则中间区域的顾客对于摘取"樱桃 p_{Br}"或"樱桃 p_{Ar}"无差异。③观察零售企业 B 领地内的顾客。他们会收到分别来自零售企业 A 和 B 的推送折扣价格 p_{Bt} 和 p_{Ar},但是顾客们有动机选择移动至中间区域的右边界点x_B摘取"樱桃p_{Bm}",或者选择移动至 A 领地的右边界点x_A摘取"樱桃p_{Br}"。关于其交通成本的分析步骤与分析 A 领地内的顾客的步骤类似。

其次,我们确定零售企业的折扣价格需满足的约束条件。以零售企业 A 为例:①关于推送至对手领地的折扣价格p_{Ar}。零售企业 A 向对手 B 的领地推送折扣价格p_{Ar}的目的是"偷猎" B 的顾客。所以 A 需要设定p_{Ar}足够低才能"偷猎"成功。B 领地内的顾客接受折扣价格p_{Ar}或者p_{Bt}的消费者效用分别为$U_{Ar}=v-2tx-p_{Ar}$或$U_{Bt}=v-2t(1-x)-p_{Bt}$。可得位于$x_B \leqslant x < \frac{2t+p_{Bt}-p_{Ar}}{4t}$的顾客会选择接受$p_{Ar}$,位于$\frac{2t+p_{Bt}-p_{Ar}}{4t} \leqslant x \leqslant 1$的顾客会接受$p_{Bt}$。显然,如果$x_B \leqslant \frac{2t+p_{Bt}-p_{Ar}}{4t}$成立,则可以保证$p_{Ar}$起作用,即零售企业 A 能够成功"偷猎"到部分 B 领地内的顾客。因此,零售企业 A 需设定p_{Ar}满足$p_{Ar} \leqslant v+p_{Bt}-2t$。②关于推送至中间区域的折扣价格$p_{Am}$。与"限定顾客位置"的移动目标营销不同,零售企业可以利用顾客的摘樱桃行为抵御对手的"偷猎"。如果零售企业 A 领地中的顾客可能被零售企业 B 以折扣价格p_{Br}"偷走",那么零售企业 A 可以设定足够低的折扣价格p_{Am},吸引这些顾客移动至中间区域摘取"樱桃p_{Am}",从而放弃 B 的折扣价格p_{Br}。对位于$x \in [0, x_A)$(即 A 的领地内)的顾客来说,接受 B 的折扣价格p_{Br},摘取"樱桃p_{Am}"以及摘取"樱桃p_{Ar}"的消费者效用分别为:$U_{Br}=v-2t(1-x)-p_{Br}$,$U_{Am}=v-2tx_A-p_{Am}$,以及$U_{Ar}=v-2tx_B-p_{Ar}$。零售企业 A 在制定折扣价格p_{Am}时需考虑如下几个因素。第一,A 需要设定p_{Am}满足$U_{Am} \geqslant U_{Br}$,才能消除对手 B 的"偷猎"价格p_{Br}对自己领域内顾客的影响;第二,A 需要设定p_{Am}满足$U_{Am} \geqslant U_{Ar}$,从而避免顾客摘取"樱桃p_{Ar}",因为p_{Am}带来的商品边际利润高于p_{Ar},可以减少 A 的利润损失;第三,结合 4.3.1 节中提到的p_{Am}需满足约束条件$p_{Am}+p_{Bm} \geqslant 2v-2t$,从而可以避免中间区域折扣价格的过度竞争。综上可知,A 需要设定折扣价格p_{Am}满足如下三个约束条件:$p_{Am} \leqslant 2t-v+p_{Br}$,$p_{Am} \leqslant 2t-v+p_{Ar}$,以及$p_{Am} \geqslant 2v-2t-p_{Bm}$。③关于推送至自己领地的折扣价格$p_{At}$。折扣价格$p_{At}$如果超过了统一价格$p_A=\frac{1}{2}v$,则对顾客的购买行为不产生任何影响,所以$p_{At}$需满足约束条件$p_{At} \leqslant \frac{1}{2}v$。同理我们可得,零售企业 B 的折扣价格需满足的约束条件为:$p_{Br} \leqslant v+p_{At}-2t$,$p_{Bm} \leqslant 2t-v+p_{Ar}$,$p_{Bm} \leqslant 2t-v+p_{Br}$,$p_{Bm} \geqslant 2v-2t-p_{Am}$,以及$p_{Bt} \leqslant \frac{1}{2}v$。

图 4.3 描述了零售企业提供"允许顾客摘樱桃"的移动目标营销时顾客的购买行为。位于 $0 \leq x < x_{1m}$ 的顾客会选择接受 p_{At} 购买 A 的商品，位于 $x_{3m} < x \leq 1$ 的顾客会选择接受 p_{Bt} 购买 B 的商品。位于 $x_{1m} \leq x \leq x_A$ 的顾客会选择移动到中间区域的左边界点 x_A 摘取"樱桃 p_{Am}"；位于 $x_B < x \leq x_{3m}$ 的顾客会选择移动到中间区域的右边界点 x_B 摘取"樱桃 p_{Bm}"，其中 $x_{1m} = \frac{1}{4} \cdot \frac{-2 p_{At} + v + 2 p_{Am}}{t}$ 及 $x_{3m} = \frac{1}{4} \cdot \frac{4t + 2 p_{Bt} - v - 2 p_{Bm}}{t}$。在中间区域，位于 $x_A < x \leq x_{21}$ 的顾客会接受 p_{Am} 购买 A 的商品；位于 $x_{22} < x \leq x_B$ 的顾客会接受 p_{Bm} 购买 B 的商品；又因为在对称竞争环境下，两零售企业的均衡折扣价格分别相等，可知推送到对方领地的均衡折扣价格一定会满足 $p_{Ar} = p_{Br}$，所以我们可以认为，在位于 $x_{21} < x \leq x_{22}$ 的顾客中，一半会选择移动至 x_B 摘取"樱桃 p_{Ar}"，一半则会选择移动至 x_A 摘取"樱桃 p_{Br}"，其中 $x_{21} = \frac{1}{4} \cdot \frac{4t + 2 p_{Br} - v - 2 p_{Am}}{t}$ 及 $x_{22} = \frac{1}{4} \cdot \frac{2 p_{Bm} + v - 2 p_{Br}}{t}$。

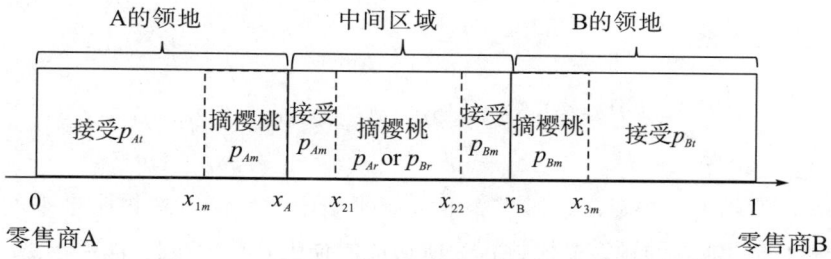

图 4.3 "允许顾客摘樱桃"移动目标营销下的顾客购买决策

在"允许顾客摘樱桃"的移动目标营销下，零售企业需要平衡由中间区域的需求扩张带来的额外利润与自己领地内顾客的摘樱桃行为所造成的利润损失。与统一定价策略相比，"允许顾客摘樱桃"的移动目标营销给零售企业带来的利润改变量分别为：

$$\Delta E\Pi_A = E\Pi_A - E\Pi_{A0}^* = p_{At} x_{1m} + p_{Am}(x_{21} - x_A) + p_{Ar}\left(\frac{x_{21} + x_{22}}{2} - x_{21}\right) - \frac{v^2}{8t}$$
(4—4a)

$$\Delta E\Pi_B = E\Pi_B - E\Pi_{B0}^* = p_{Br}\left(x_{22} - \frac{x_{21} + x_{22}}{2}\right) + p_{Bm}(x_B - x_{22})$$
$$+ p_{Bm}(x_{3m} - x_B) + p_{Bt}(1 - x_{3m}) - \frac{v^2}{8t} \quad (4—4b)$$

通过求解下列优化问题，则可得到两零售企业的最优折扣价格，如表 4—2

所示。

表 4-2 "允许顾客摘樱桃"的移动目标营销决策

激进型定位决策	保守型定位决策
$\frac{7}{12}v<t\leq\frac{3}{4}v$	$\frac{1}{2}v<t\leq\frac{7}{12}v$
$p_{At}{}^*=p_{Bt}{}^*=\frac{1}{2}v$	$p_{At}{}^*=p_{Bt}{}^*=\frac{1}{2}v$
$p_{Am}{}^*=p_{Bm}{}^*=\frac{9}{16}v-\frac{1}{4}v$	$p_{Am}{}^*=p_{Bm}{}^*=v-t$
$p_{Ar}{}^*=p_{Br}{}^*=\frac{3}{2}v-2t$	N/A

$$\max_{p_{At},p_{Am},p_{Ar}}\Delta E\Pi_A, \text{s.t.} \begin{cases} p_{At}\leq\frac{1}{2}v \\ 2v-2t-p_{Bm}\leq p_{Am}\leq 2t-v+p_{Br} \\ p_{Ar}=p_{Br} \end{cases} \quad (4-5a)$$

$$\max_{p_{Bt},p_{Bm},p_{Br}}\Delta E\Pi_B, \text{s.t.} \begin{cases} p_{Bt}\leq\frac{1}{2}v \\ 2v-2t-p_{Am}\leq p_{Bm}\leq 2t-v+p_{Ar} \\ p_{Br}\leq v+p_{At}-2t \end{cases} \quad (4-5b)$$

表 4-2 中的结果显示，零售企业为了平衡中间区域需求扩张带来的额外利润与自己领地内的顾客摘樱桃行为所造成的损失，需要根据单位交通成本的具体取值情况调整定位决策以及定价决策。

与 4.3.1 相同，仍然将零售企业的定位决策分为保守型和激进型两类。我们在定理 2 中提出零售企业的最优定位决策，并将"限定顾客位置"以及"允许顾客摘樱桃"两种移动目标营销给零售企业带来的利润改变量进行对比。

定理 4.2

如果零售企业在顾客移动可及率对称的环境下提供"允许顾客摘樱桃"的移动目标营销：

①当 $\frac{1}{2}v<t\leq\frac{7}{12}v$ 时，双方均应采取保守型定位决策；当 $\frac{7}{12}v<t\leq\frac{3}{4}v$ 时，双方均应采取激进型定位决策，各情况下的定价决策见表 4-2。

②与"限定顾客位置"的移动目标营销相比，"允许顾客摘樱桃"的移动目标营销降低了两零售企业的利润。

（证明参见附录 6）

在"允许顾客摘樱桃"的移动目标营销下，零售企业可以利用顾客的摘樱桃行为抵抗竞争对手的激进型定位决策，即在中间区域推送足够低的折扣价格 p_{im} ($i=A,B$)，使得自己领地以内的顾客宁愿"摘取樱桃p_{im}"而拒绝接受竞争对手的折扣价格p_{jr} ($j\neq i$)。显然，企业i可以利用折扣价格p_{im}彻底抵制对手的折扣价格p_{jr} ($j\neq i$)对i领地内顾客的"偷猎"。然而虽然折扣价格p_{jr}无法在企业i的领地内成功"偷猎"到任何顾客，但是表4-2中的结果却显示，企业在一定条件下仍然应该采取激进型定位决策，即向对手的领地内的顾客推送折扣价格。如表4-2中第二列的结果所示，当单位交通成本较高且满足$\frac{7}{12}v<t\leqslant\frac{3}{4}v$时，两零售企业都应该推送折扣价格$p_{ir}$至对方领地。这是因为此时中间区域的折扣价格$p_{Am}^*$和$p_{Bm}^*$较高，以致中间区域的部分顾客仍然负担不起，那么这些顾客自然愿意移动至更远的地点摘取"樱桃p_{ir}"。实际上，均衡价格$p_{Ar}^*=p_{Br}^*=\frac{3}{2}v-2t$并没有"偷走"竞争对手领地中的任何一位顾客，它正是像"樱桃"一样的存在，专门等待中间区域无法支付折扣价格p_{im}的顾客来摘取。另外，当单位交通成本较低且满足$\frac{1}{2}v<t\leqslant\frac{7}{12}v$时，中间区域的折扣价格$p_{Am}^*$和$p_{Bm}^*$较低且可以覆盖中间区域的所有顾客，因此，零售企业就没有必要采取激进型定位决策，而只需采取保守型定位决策，如表4-2中第一列结果所示。此外，我们还可以发现，零售企业在自己领地推送的折扣价格恒等于统一定价时的均衡价格，这说明零售企业不存在对自己领地内的顾客降价的动机。

在顾客移动可及率对称的竞争环境下，"允许顾客摘樱桃"的移动目标营销给零售企业带来的利润改变量低于"限定顾客位置"的移动目标营销。当单位交通成本较低且满足$\frac{1}{2}v<t\leqslant\frac{7}{12}v$时，以上两种移动目标营销下的定位决策以及定价决策完全相同。即在"允许顾客摘樱桃"的移动目标营销中，零售企业并没有采取额外的措施应对领地内顾客的摘樱桃行为，显然一定会遭受顾客摘樱桃行为带来的利润损失。当单位交通成本较高且满足$\frac{7}{12}v<t\leqslant\frac{3}{4}v$时，零售企业在"允许顾客摘樱桃"的移动目标营销下，虽然通过改变定位决策以及提高中间区域的折扣价格来控制领地内顾客的摘樱桃行为，但是所得利润仍然低于"限定顾客位置"的移动目标营销。

综上所述，在顾客移动可及率对称的竞争环境下，顾客的摘樱桃行为对零售企业的利润的负面影响总是大于正面影响。

4.4 不对称环境下的移动目标营销决策

我们考虑一个更为实际的市场环境：零售企业拥有的顾客移动可及率具有不对称性。假设零售企业 A 和 B 的顾客移动可及率分别记作 λ_A 及 λ_B，在不对称环境下，$0<\lambda_A<1$ 且 $\lambda_B=1$。因为拥有较低的顾客移动可及率，显然零售企业 A 在移动目标营销中处于竞争劣势。零售企业 B 可以推送广告信息至一些零售企业 A 无法触及的顾客，我们将这些顾客称为特殊顾客。本节中，只有零售企业 B 可以推送折扣信息至特殊顾客的移动手机。特殊顾客分别存在于各零售企业领地及中间区域。那么零售企业 B 存在强烈动机采取激进型定位决策，以"偷猎"零售企业 A 领地内的特殊顾客。与 4.3 节相似，下面我们分别研究"限定顾客位置"以及"允许顾客摘樱桃"的两种移动目标营销的均衡决策。

4.4.1 限定顾客位置

与第 4.3 节相同，假设零售企业 A 或 B 对自己领地内的顾客推送折扣价格 p_{it}（$p_{it} \leqslant p_i$，$i=A$，B），对中间区域的顾客推送折扣价格为 p_{im}（$p_{im} \leqslant p_{it}$），对竞争对手领地中的顾客推送折扣价格为 p_{ir}（$p_{ir} \leqslant p_{im}$）。如图 4.4 所示，我们将顾客分为六部分。其中前三部分的顾客能同时接收到零售企业 A 和 B 推送的折扣信息，但是后三部分的顾客为特殊顾客，即只能收到零售企业 B 的推送信息，零售企业 A 没有能力将商品信息推送至这些顾客。下面我们将先后讨论零售企业 B 分别采取激进型定位决策和保守型定位决策时，零售企业 A 的应对定位决策以及双方的均衡定价决策。

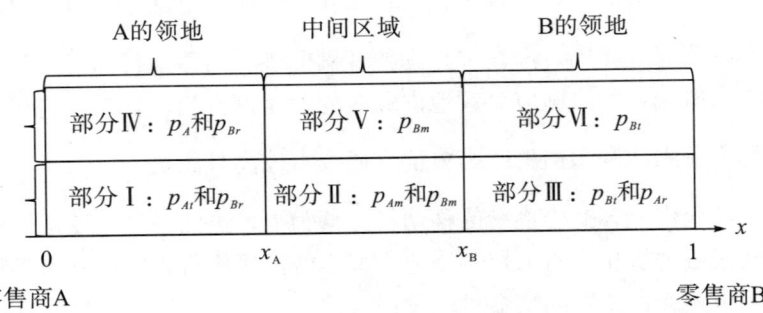

图 4.4 "限定顾客位置"的移动目标营销中激进型定位决策

我们先考虑，为了"偷猎"零售企业 A 领地内的特殊顾客，零售企业 B 采取激进型定位决策。零售企业 A 为了减少损失，当然也只能采取激进型定位决策。通过简单计算，可得①部分Ⅰ：位于 $0 \leqslant x \leqslant x_1$ 的顾客接受 p_{At} 并购买 A 的商品，位于 $x_1 < x \leqslant x_A$ 的顾客接受 p_{Br} 并购买 B 的商品；②部分Ⅱ：位于 $x_A < x \leqslant x_{2A}$ 的顾客接受 p_{Am}，位于 $x_{2B} \leqslant x \leqslant x_B$ 的顾客接受 p_{Bm}；③部分Ⅲ：位于 $x_B < x \leqslant x_3$ 的顾客接受 p_{Ar}，位于 $x_3 < x \leqslant 1$ 的顾客接受 p_{Bt}；④部分Ⅳ：位于 $0 < x \leqslant x_4$ 的顾客接受 p_A，位于 $x_4 < x < x_A$ 的顾客接受 p_{Br}；⑤部分Ⅴ：位于 $x_{2B} < x < x_B$ 的顾客接受 p_{Bm}，余下顾客什么商品也不买；⑥部分Ⅵ：所有顾客接受 p_{Bt}；其中 $x_1 = \frac{1}{4} \cdot \frac{2t + p_{Br} - p_{At}}{t}$，$x_{2A} = \frac{1}{2} \cdot \frac{v - p_{Am}}{t}$，$x_{2B} = \frac{1}{2} \cdot \frac{p_{Bm} - v + 2t}{t}$，$x_3 = \frac{1}{4} \cdot \frac{2t + p_{Bt} - p_{Ar}}{t}$ 以及 $x_4 = \frac{1}{4} \cdot \frac{2t + p_{Br} - p_A}{t}$。那么可将"限定顾客位置"的移动目标营销给两零售企业带来的利润改变量分别表示如下：

$$\Delta E\Pi_A = E\Pi_A - E\Pi_{A0}^* = \lambda_A (p_{At} x_1 + p_{Am}(x_{2A} - x_A) + p_{Ar}(x_3 - x_B))$$
$$+ (1 - \lambda_A) p_A x_4 - \frac{v^2}{8t} \quad (4-6a)$$

$$\Delta E\Pi_B = E\Pi_B - E\Pi_{B0}^* = \lambda_A (p_{Br}(x_A - x_1) + p_{Bm}(x_B - x_{2B}) + p_{Bt}(1 - x_3))$$
$$+ (1 - \lambda_A)(p_{Br}(x_A - x_4) + p_{Bm}(x_B - x_{2B}) + p_{Bt}(1 - x_B)) - \frac{v^2}{8t}$$
$$(4-6b)$$

参照 4.3.1 中相同的分析步骤，为了保证激进型定位决策下折扣价格 p_{ir} 的有效性，以及防止推送至中间区域的折扣价格 p_{im} 过度竞争，我们可以得到关于折扣价格 p_{ir} 和 p_{im} 需要满足的约束条件。零售企业可以通过求解优化问题 (4-7a, 4-7b) 得到激进型定位决策下的均衡折扣价格。两零售企业采取激进型定位决策时的均衡折扣价格如表 4-3 所示，其中 $t_{Td} = \frac{5}{8}v - \frac{1}{8}v\lambda_A$。

$$\max_{p_{At}, p_{Am}, p_{Ar}} \Delta E\Pi_A, \text{s. t.} \begin{cases} p_{At} \geqslant p_{Am} \geqslant 2v - 2t - p_{Bm} \\ p_{At} \leqslant \frac{1}{2}v \\ p_{Ar} \leqslant v + p_{Bt} - 2t \end{cases} \quad (4-7a)$$

$$\max_{p_{Bt}, p_{Bm}, p_{Br}} \Delta E\Pi_B, \text{s. t.} \begin{cases} p_{Bt} \geqslant p_{Bm} \geqslant 2v - 2t - p_{Am} \\ p_{Bt} \leqslant \frac{1}{2}v \\ p_{Br} \leqslant v + p_{At} - 2t \end{cases} \quad (4-7b)$$

表 4-3　"限定顾客位置"的移动目标营销的两种定位决策及定价决策

激进型定位决策		保守型定位决策	
$\frac{1}{2}v<t\leqslant t_{Td}$	$t_{Td}<t\leqslant\frac{3}{4}v$	$\frac{1}{2}v<t\leqslant t_{Td}$	$t_{Td}<t\leqslant\frac{3}{4}v$
$p_{At}{}^{*}=p_{Bt}{}^{*}=\frac{1}{2}v$			
$p_{Am}{}^{*}=\frac{1}{2}v$	$p_{Am}{}^{*}=\frac{1}{4}\cdot\frac{v\lambda_{A}-8t+7v}{\lambda_{A}+1}$	$p_{Am}{}^{*}=\frac{1}{2}v$	$p_{Am}{}^{*}=\frac{1}{4}\cdot\frac{v\lambda_{A}-8t+7v}{\lambda_{A}+1}$
$p_{Bm}{}^{*}=\frac{1}{4}\cdot\frac{7v\lambda_{A}-8t\lambda_{A}+v}{\lambda_{A}+1}$			
$p_{Ar}{}^{*}=p_{Br}{}^{*}=\frac{3}{4}v-t$		N/A	

下面我们接着考虑，如果零售企业 B 选择保守型定位决策，放弃"偷猎"零售企业 A 领地内的特殊顾客，那么零售企业 A 也一定会采取保守型的定位决策。保守型定位决策下的均衡折扣价格见表 4-3。

根据表 4-3 中的结果，首先，可以发现在两种定位决策下零售企业向自己领地内顾客推送的折扣价格均与商品原价相等。其次，在激进型定位决策中，零售企业向对手领地内顾客推送的折扣价格 p_{ir} 总是与统一定价策略下的商品价格（即商品原价 $p_{A}{}^{*}=p_{B}{}^{*}=\frac{1}{2}v$）竞争，所以均衡折扣价格 $p_{Ar}{}^{*}=p_{Br}{}^{*}=\frac{3}{4}v-t$ 与零售企业 A 的顾客移动可及率 λ_{A} 无关。然而，零售企业推送至中间区域的均衡折扣价格却与 λ_{A} 有着密切的关系。最后，由于顾客移动可及率的不对称性，零售企业 B 向中间区域顾客推送的折扣价格 $p_{Bm}{}^{*}$ 始终低于零售企业 A 的折扣价格 $p_{Am}{}^{*}$（即 $p_{Am}{}^{*}\geqslant p_{Bm}{}^{*}$）。这意味着零售企业 B 能在中间区域得到比 A 更多的市场份额。特别地，当单位交通成本足够低且满足 $\frac{1}{2}v<t\leqslant t_{Td}$ 时，中间区域的顾客数量较少〔因为中间区域的顾客数量 $(x_{B}-x_{A})$ 关于 t 单调递增〕，而此时零售企业 A 的折扣价格 $p_{Am}{}^{*}=\frac{1}{2}v$ 实际上无法得到中间区域的任何顾客，零售企业 B 则占有中间区域的全部顾客。在该情形下，如果两零售企业都在移动目标营销中采用保守型定位决策，则零售企业 A 的利润与统一定价相比没有任何改变；但是如果两零售企业都采用激进型定位决策，移动目标营销必定会降低零售企业 A 的利润。

由 $\lambda_{A}<\lambda_{B}$ 给零售企业 A 带来竞争劣势使得零售企业 A 偏好保守型定位决

策,除非零售企业 B 采取激进型定位决策,A 为了减少损失才会被动地采取激进型定位决策。可见,处于劣势的零售企业 A 只能选择与 B 相同的定位决策。下面,定理 4.3 为零售企业 B 提供了最优定位决策的选择依据。

定理 4.3

如果两零售企业在顾客移动可及率不对称的环境下提供"限定顾客位置"的移动目标营销,①当 $\frac{1}{2} \leqslant \lambda_A \leqslant 1$ 时,保守型定位决策比激进型定位决策为零售企业 B 带来更多利润;②当 $0 < \lambda_A < \frac{1}{2}$ 时,零售企业 B 的定位决策与单位交通成本有关,若 $t \leqslant t_0$,则 B 应选择激进型定位决策,否则选择保守型定位决策,其中 $t_0 = \frac{3}{4} v - \frac{1}{2} v \lambda_A$。(证明参见附录 7)

定理 4.3 说明,当零售企业 A 拥有的顾客移动可及率充分大且满足 $\frac{1}{2} \leqslant \lambda_A \leqslant 1$ 时,零售企业 B 不会推送折扣价格至 A 的领地"偷猎"其顾客,因为此时零售企业 A 具有较强的"反击能力"。然而当零售企业 A 拥有的顾客移动可及率相对较低且满足 $0 < \lambda_A < \frac{1}{2}$ 时,零售企业 B 的最优定位决策由单位交通成本决定。如果零售企业 B "偷猎"对手领地中的顾客得到的利润足以抵消被对手"偷猎"遭受的损失,那么 B 必然会选择激进型的定位决策。因为零售企业 A 领地内的顾客数量$(x_A - 0)$关于单位交通成本 t 单调递减,单位交通成本 t 越低,零售企业 A 领地内的顾客数量越多,零售企业 B 自然越偏好激进型定位决策。当单位交通成本 t 足够低并满足 $t \leqslant t_0$ 时,B 一定会选择激进型定位决策。

与保守型定位决策相比,激进型定位决策总会降低零售企业 A 的利润,所以零售企业 A 最好将其顾客移动可及率至少扩大至 $\frac{1}{2}$,从而促使零售企业 B 选择保守型定位决策。

4.4.2 允许顾客摘樱桃

如果零售企业采用"允许顾客摘樱桃"的移动目标营销,顾客可以移动至较远的地点获取更低的折扣价格。仍然假设零售企业 A 或 B 分别推送折扣价格 p_{it}、p_{im} 和 p_{ir}($p_i \geqslant p_{it} \geqslant p_{im} \geqslant p_{ir}$,$i = A, B$)至自己领地中间区域和对手领地内的顾客。与 4.4.1 节相似,我们在图 4.5 中将所有顾客分为六个部分。其中前三部分的顾客能同时接收到零售企业 A 和 B 推送的广告信息,但是后三部分的顾客为特殊顾客,即只能收到零售企业 B 的推送信息,零售企业 A 没有能力将商品折扣信息推送至这些顾客。在"限定顾客位置"的移动目标营销中,零售企业 B 对定位决策的选择取决于零售企业 A 的反击能力(即λ_A的大小);但是在"允许顾客摘樱桃"的移动目标营销中,零售企业 B 始终偏好于激进型定位决策。因为零售企业 B 不仅可以利用顾客的摘樱桃行为防止自己领地内的顾客被 A "偷走",而且可以肆无忌惮地"偷猎"零售企业 A 领地中的特殊顾客(即第Ⅳ部分的顾客),因此,零售企业 B 始终存在动机采用激进型定位决策。那么零售企业 A 也只能采用激进型定位决策。

首先,具体分析顾客的摘樱桃行为。在图 4.5 中,各部分的顾客均可能会为了得到箭头符号所指示的折扣价格发生摘樱桃行为。①部分Ⅰ,顾客接收到折扣价格p_{At}和p_{Br},部分顾客可能移动至地点x_A摘取"樱桃p_{Am}",也可能移动至地点x_B摘取"樱桃p_{Ar}"。②部分Ⅱ,顾客接收到折扣价格p_{Am}和p_{Bm},部分顾客可能移动至地点x_A摘取"樱桃p_{Br}",也可能移动至地点x_B摘取"樱桃p_{Ar}"。与顾客移动可及率对称环境下的情况相似,该部分顾客对"樱桃p_{Br}"和"樱桃p_{Ar}"的偏好完全取决于折扣价格p_{Ar}及p_{Br}的大小,因为摘取这两种樱桃的交通成本是相等的。为了能够吸引更多的中间区域顾客摘取"樱桃p_{Ar}",企业 A 一定会对企业 B 领地内顾客推送尽量低的折扣价格p_{Ar},低至与企业 B 的折扣价格p_{Br}相等。如果企业 A 令p_{Ar}低于p_{Br},则企业 A 不仅触发了两竞争企业之间的价格战,而且还会在第Ⅳ部分遭受更多的损失。因为企业 B 将折扣价格p_{Br}设置得越低,在第Ⅳ部分偷走的顾客越多。所以我们进一步假设$p_{Ar} = p_{Br}$,以确保两企业均能在部分Ⅱ中获得一半摘樱桃的顾客。③部分Ⅲ,顾客接收到折扣价格p_{Bt}和p_{Ar},部分顾客可能移动至地点x_B摘取"樱桃p_{Bm}",也可能移动至地点x_A摘取"樱桃p_{Br}"。④部分Ⅳ,除了零售企业的统一定价,该部分的顾客只能收到零售企业 B 推送的折扣价格p_{Br},p_{Br}已经是市场上最低的折扣价格,所以摘樱桃行为不会发生。⑤部分Ⅴ,顾客只接收到折扣价格p_{Bm},部分顾客可能移动至地点x_A摘取"樱桃p_{Br}"。⑥部分Ⅵ,顾客只接收到折扣价格p_{Bt},部分顾客可能移动至地点x_B摘取"樱桃p_{Bm}",也可能移动至地点x_A摘取"樱桃p_{Br}"。

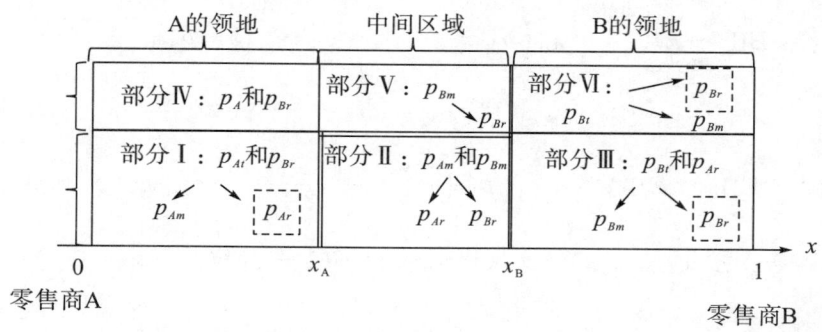

图4.5 "允许顾客摘樱桃"的移动目标营销

然后,考虑零售企业各折扣价格需要满足的约束条件。参照4.3.2节中的步骤,我们可得本节中各零售企业折扣价格的约束条件分别与优化问题(4-5a)和(4-5b)相同。简言之,零售企业可以通过约束条件使得图4.5中各区域内方框中的折扣价格对摘樱桃的顾客失去吸引力,从而保证利润最大化。

通过简单计算,可得①部分Ⅰ:位于$0 \leqslant x \leqslant x_{1m}$的顾客接受$p_{At}$并购买A的商品,位于$x_{1m} < x \leqslant x_A$的顾客移动至中间区域的左边界点$x_A$摘取"樱桃$p_{Am}$"。②部分Ⅱ:位于$x_A < x \leqslant x_{21}$的顾客接受$p_{Am}$并购买A的商品,位于$x_{22} < x \leqslant x_B$的顾客接受$p_{Bm}$并购买B的商品,位于$x_{21} < x \leqslant \frac{x_{21}+x_{22}}{2}$的顾客移动至B领地的左边界点$x_B$摘取"樱桃$p_{Ar}$",位于$\frac{x_{21}+x_{22}}{2} < x \leqslant x_{22}$的顾客移动至A领地的右边界点$x_A$摘取"樱桃$p_{Br}$"。③部分Ⅲ,位于$x_{3m} < x \leqslant 1$的顾客接受$p_{Bt}$并购买B的商品,位于$x_B < x \leqslant x_{3m}$的顾客移动至中间区域的右边界点$x_B$摘取"樱桃$p_{Bm}$"。④部分Ⅳ,位于$0 \leqslant x \leqslant x_4$的顾客接受$p_A$并购买A的商品,位于$x_4 < x \leqslant x_A$的顾客接受$p_{Br}$并购买B的商品。⑤部分Ⅴ,位于$x_5 < x \leqslant x_B$的顾客接受$p_{Bm}$并购买B的商品,位于$x_A < x \leqslant x_5$的顾客移动至A领地的右边界点$x_A$摘取"樱桃$p_{Br}$"。⑥部分Ⅵ,顾客的购买行为与部分Ⅲ相同,其中 $x_{1m} = \frac{1}{4} \cdot \frac{-2p_{At}+v+2p_{Am}}{t}$,$x_{21} = \frac{1}{4} \cdot \frac{4t+2p_{Br}-v-2p_{Am}}{t}$,$x_{22} = \frac{1}{4} \cdot \frac{2p_{Bm}+v-2p_{Br}}{t}$,$x_{3m} = \frac{1}{4} \cdot \frac{4t+2p_{Bt}-v-2p_{Bm}}{t}$,$x_4 = \frac{1}{3} \cdot \frac{-v+4t+2p_{Br}}{t}$,$x_5 = \frac{1}{4} \cdot \frac{2p_{Bm}+v-2p_{Br}}{t}$。则可得"允许顾客摘樱桃"的移动目标营销给两零售企业带来的利润改变量分别表示如下:

$$\Delta E\Pi_A = E\Pi_A - E\Pi_{A0}{}^* = \lambda_A \left(p_{At} x_{1m} + p_{Am}(x_{21} - x_A) + p_{Ar}\left(\frac{x_{21}+x_{22}}{2} - x_{21}\right)\right)$$
$$+ (1-\lambda_A) p_A x_4 - \frac{v^2}{8t} \quad (4-8a)$$

$$\Delta E\Pi_B = E\Pi_B - E\Pi_{B0}{}^* = \lambda_A \left(p_{Br}\left(x_{22} - \frac{x_{21}+x_{22}}{2}\right) + p_{Bm}(x_B - x_{22})\right.$$
$$\left. + p_{Bm}(x_{3m} - x_B) + p_{Bt}(1 - x_{3m}) \right) + (1-\lambda_A)\left(p_{Br}(x_A - x_4) \right.$$
$$\left. + p_{Br}(x_5 - x_A) + p_{Bm}(x_B - x_5) + p_{Bm}(x_{3m} - x_B) + p_{Bt}(1 - x_{3m}) \right) - \frac{v^2}{8t}$$
$$(4-8b)$$

那么零售企业只需通过求解（4-9a），（4-9b）中的优化问题，即可得到均衡折扣价格。

$$\max_{p_{At}, p_{Am}, p_{Ar}} \Delta E\Pi_A, \text{s.t.} \begin{cases} p_{At} \leqslant \frac{1}{2}v \\ 2v - 2t - p_{Bm} \leqslant p_{Am} \leqslant 2t - v + p_{Br} \\ p_{Ar} = p_{Br} \end{cases} \quad (4-9a)$$

$$\max_{p_{Bt}, p_{Bm}, p_{Br}} \Delta E\Pi_B, \text{s.t.} \begin{cases} p_{Bt} \leqslant \frac{1}{2}v \\ 2v - 2t - p_{Am} \leqslant p_{Bm} \leqslant 2t - v + p_{Ar} \\ p_{Br} \leqslant v + p_{At} - 2t \end{cases} \quad (4-9b)$$

下面我们将两零售企业的定位决策以及定价决策总结在定理 4.4 中。

定理 4.4

如果两零售企业在顾客移动可及率不对称的环境下提供"允许顾客摘樱桃"的移动目标营销，则双方都会选择激进型的定位决策，均衡定价决策与零售企业 A 的顾客移动可及率 λ_A 及单位交通成本 t 密切相关，具体结果见表 4-4。（证明参见附录 8）

表4—4 "允许顾客摘樱桃"移动目标营销的定价决策

	(1) $\frac{1}{2}v<t\leq t_0$	(2) $t_0<t\leq t_1$ $\frac{7-\sqrt{41}}{2}\leq \lambda A\leq 1$	(3) $t_1<t\leq t_2$	(4) $t_2<t\leq \frac{3}{4}v$
p_{At}^*	$\frac{v}{2}$	$\frac{v}{2}$	$\frac{v}{2}$	$\frac{v}{2}$
p_{Bt}^*	$\frac{v}{2}$	$\frac{v}{2}$	$\frac{v}{2}$	$\frac{v}{2}$
p_{Am}^*	$\frac{(6t-v)\lambda A^2+(2t-8v)\lambda A-16t+5v}{6\lambda A^2-14\lambda A-8}$	$\frac{8t\lambda A^2-5v\lambda A^2+8v\lambda A-40t+29v}{4(4+7\lambda A-3\lambda A^2)}$	$\frac{3v\lambda A-2t\lambda A-6t+5v}{4(1+\lambda A)}$	$\frac{9v}{16}-\frac{t}{4}$
p_{Bm}^*	$\frac{(6t-v)\lambda A^2+(2t-8v)\lambda A-16t+5v}{6\lambda A^2-14\lambda A-8}$	$\frac{24t\lambda A^2-19v\lambda A^2-64t\lambda A+48v\lambda A+8t+3v}{4(4+7\lambda A-3\lambda A^2)}$	$\frac{5v\lambda A-6t\lambda A-2t+3v}{4(1+\lambda A)}$	$\frac{1}{4}t\lambda A-\frac{3v\lambda A}{16}-\frac{t}{2}+\frac{3v}{4}$
p_{Br}^*	$\frac{6t\lambda A^2-5v\lambda A-30t\lambda A+22v\lambda A+3v}{2(4+7\lambda A-3\lambda A^2)}$	$\frac{6\lambda A^2-5v\lambda A-30t\lambda A+22v\lambda A+3v}{2(4+7\lambda A-3\lambda A^2)}$	$\frac{3v}{2}-2t$	$\frac{3v}{2}-2t$
p_{Ar}^*	$\frac{6t\lambda A^2-5v\lambda A-30t\lambda A+22v\lambda A+3v}{2(4+7\lambda A-3\lambda A^2)}$	$\frac{6\lambda A^2-5v\lambda A-30t\lambda A+22v\lambda A+3v}{2(4+7\lambda A-3\lambda A^2)}$	$\frac{3v}{2}-2t$	$\frac{3v}{2}-2t$

其中，$t_0=\frac{v(13-7\lambda A)}{12(2-\lambda A)}$，$t_1=\frac{v(4\lambda A^2+\lambda A-9)}{2(3\lambda A^2+\lambda A-8)}$，$t_2=\frac{v(3\lambda A+11)}{4(\lambda A+5)}$

续表 4-4

	(1) $\frac{1}{2}v < t \leqslant t_0$	(2) $t_0 < t \leqslant t_3$	(3) $t_3 < t \leqslant t_4$	(4) $t_4 < t \leqslant \frac{3}{4}v$
		$0 < \lambda A < \frac{7-\sqrt{41}}{2}$		
$p_{Ar}*$	$\frac{v}{2}$	$\frac{v}{2}$	$\frac{v}{2}$	$\frac{v}{2}$
$p_{Bt}*$	$\frac{v}{2}$	$\frac{v}{2}$	$\frac{v}{2}$	$\frac{v}{2}$
$p_{Am}*$	$\frac{(6t-v)\lambda A^2 + (2t-8v)\lambda A - 16t + 5v}{6\lambda A^2 - 14\lambda A - 8}$	$\frac{8t\lambda A^2 - 5v\lambda A^2 + 8v\lambda A - 40t + 29v}{4(4+7\lambda A - 3\lambda A^2)}$	$\frac{t\lambda A^2 + 11t\lambda A + 3v\lambda A - 32t - 9v}{2(\lambda A^2 + 11\lambda A - 32)}$	$\frac{9v}{16} - \frac{t}{4}$
$p_{Bm}*$	$\frac{(6t-v)\lambda A^2 + (2t-8v)\lambda A - 16t + 5v}{6\lambda A^2 - 14\lambda A - 8}$	$\frac{24t\lambda A^2 - 19v\lambda A^2 - 64t\lambda A + 48v\lambda A + 8t + 3v}{4(4+7\lambda A - 3\lambda A^2)}$	$\frac{t\lambda A^2 - v\lambda A^2 + 11t\lambda A + 7v\lambda A - 32t - 12t}{2(\lambda A^2 + 11\lambda A - 32)}$	$\frac{1}{4}t\lambda A - \frac{3v\lambda A}{16} - \frac{t}{2} + \frac{3v}{4}$
$p_{Br}*$	$\frac{6t\lambda A^2 - 5v\lambda A^2 - 30t\lambda A + 22v\lambda A + 3v}{2(4+7\lambda A - 3\lambda A^2)}$	$\frac{6t\lambda A^2 - 5v\lambda A^2 - 30t\lambda A + 22v\lambda A + 3v}{2(4+7\lambda A - 3\lambda A^2)}$	$\frac{4v(\lambda A - 3)}{\lambda A^2 + 11\lambda A - 32}$	$\frac{3v}{2} - 2t$
$p_{Ar}*$	$\frac{6t\lambda A^2 - 5v\lambda A^2 - 30t\lambda A + 22v\lambda A + 3v}{2(4+7\lambda A - 3\lambda A^2)}$	$\frac{6t\lambda A^2 - 5v\lambda A^2 - 30t\lambda A + 22v\lambda A + 3v}{2(4+7\lambda A - 3\lambda A^2)}$	$\frac{4v(\lambda A - 3)}{\lambda A^2 + 11\lambda A - 32}$	$\frac{3v}{2} - 2t$

其中，$t_0 = \frac{v(13-7\lambda A)}{12(2-\lambda A)}$，$t_3 = \frac{v(5\lambda A^2 + 34\lambda A - 107)}{6(\lambda A^2 + 11\lambda A - 32)}$，$t_4 = \frac{v(3\lambda A^2 + 25\lambda A - 72)}{4(\lambda A^2 + 11\lambda A - 32)}$

对比表 4-4 和 4-3 中的结果，首先可以观察出"允许顾客摘樱桃"的移动目标营销下的均衡价格与"限定顾客位置"的移动目标营销下的均衡价格存在两个主要区别。①推送至中间区域折扣价格的区别：在"允许顾客摘樱桃"的移动目标营销中，中间区域的均衡折扣价格满足 $p_{Am}^* \leqslant p_{Bm}^*$，与表 4-3 中对应结果的大小关系正好相反。因此，在第Ⅱ部分顾客中，零售企业 A 能以较低的折扣价格获得比零售企业 B 更多的市场份额。显然，随着顾客移动可及率的增加，零售企业领地内发生摘樱桃行为的顾客也越多。顾客的摘樱桃行为降低了商品的边际利润，会给零售企业带来利润损失的压力。而零售企业 B 拥有的顾客移动可及率高于零售企业 A（$\lambda_A < \lambda_B$），因此，零售企业 B 需要承担比零售企业 A 更大的利润损失压力。为了缓解顾客摘樱桃行为引起的利润损失压力，零售企业 B 只能提高中间区域的折扣价格 p_{Bm}，从而降低 p_{Bm} 对领地内顾客的吸引力，从而有效控制领地内顾客的摘樱桃行为。②推送至对手领地内折扣价格的区别：在"允许顾客摘樱桃"的移动目标营销中，零售企业在单位交通成本较高时推送至对手领地的均衡折扣价格 $p_{Ar}^* = p_{Br}^* = \frac{3}{2}v - 2t$，并没有"偷走"竞争对手领地中任何一位顾客，而是像"樱桃"一样的存在："樱桃 p_{ir}"（$i = A, B$）专门等待第Ⅱ部分无法支付折扣价格 p_{im}（$i = A, B$）的顾客来摘取；"樱桃 p_{Br}"专门等待第Ⅴ部分无法支付折扣价格 p_{Bm} 的顾客来摘取。仅当单位交通成本较低时，均衡折扣价格 p_{ir} 才能够成功"偷猎"对手领地中的顾客。通过具体分析推送折扣价格 p_{Br} 至零售企业 A 的领地给零售企业 B 的利润带来的影响，可以合理解释第二个主要区别。如果零售企业 B 推送折扣价格 p_{Br}（且满足 $p_{Br} \leqslant \frac{3}{2}v - 2t$）至零售企业 A 的领地，$p_{Br}$ 会分别从三个部分的顾客中给 B 带来额外的利润：①第Ⅱ部分中从什么也不买转化为摘取"樱桃 p_{Br}"的顾客；②第Ⅳ部分中从接受 p_A 转化为接受 p_{Br} 的顾客；③第Ⅴ部分中从什么也不买转化为摘取"樱桃 p_{Br}"的顾客。同时，p_{Br} 也会因为引起第Ⅱ部分和第Ⅴ部分中的一些顾客从接受 p_{Bm} 转化为摘取"樱桃 p_{Br}"从而给 B 带来利润损失。显然，p_{Br} 给 B 带来的利润损失直接与中间区域（包括部分Ⅱ和部分Ⅴ）的顾客人数成正比。而中间区域的顾客人数 ($x_B - x_A$) 关于单位交通成本 t 单调递增。可见，随着单位交通成本增加，零售企业 B 因为推送折扣价格 p_{Br}（$p_{Br} < \frac{3}{2}v - 2t$）而遭受的损失越来越多。因此，当 t 超过某临界值时，零售企业 B 应将折扣价格 p_{Br} 设定为上限值（即 $p_{Br}^* = \frac{3}{2}v - 2t$），

以控制中间区域顾客的摘樱桃行为所造成的利润损失。

其次，两零售企业在"允许顾客摘樱桃"的移动目标营销下的定位决策与"限定顾客位置"的移动目标营销下的定位决策也明显不同。如果零售企业在移动目标营销下可以"限定顾客位置"，那么零售企业 A 只需努力将顾客移动可及率 λ_A 提高至 $\frac{1}{2}$ 及以上，则可促使零售企业 B 选择保守型定位决策。然而，在"允许顾客摘樱桃"的移动目标营销下，零售企业 B 却始终偏好激进型定位决策，而零售企业 A 也只能选择激进型定位决策。

最后，我们进一步比较在顾客移动可及率不对称的竞争环境下，"限定顾客位置"和"允许顾客摘樱桃"两种移动目标营销对零售企业利润的影响。为了扭转顾客移动可及率不对称带来的竞争劣势，零售企业 A 在两种移动目标营销下都有动机努力提高其顾客移动可及率。所以，我们将定理 4.4 中 λ_A 满足 $\frac{7-\sqrt{41}}{2} \leqslant \lambda_A \leqslant 1$ 时的结果与定理 4.3 中 λ_A 满足 $\lambda_A \geqslant \frac{1}{2}$ 时的结果进行比较。在定理 4.5 中，我们提出"允许顾客摘樱桃"的移动目标营销在一定条件下可以同时为两零售企业带来比"限定顾客位置"的移动目标营销更多的利润。

定理 4.5

在顾客移动可及率不对称的竞争环境下，与"限定顾客位置"的移动目标营销相比，"允许顾客摘樱桃"的移动目标营销：①当单位交通成本 t 满足 $t_{A1} \leqslant t \leqslant t_{A2}$ 时，可以为零售企业 A 带来更多利润；②当单位交通成本 t 满足 $\frac{1}{2}v < t \leqslant t_B$ 时，可以为零售企业 B 带来更多利润；③当零售企业 A 的顾客移动可利率 λ_A 增加至 1 时，关于单位交通成本的阈值 t_{A1}、t_{A2} 和 t_B 均收敛于 $\frac{1}{2}v$，即"允许顾客摘樱桃"的移动目标营销无法为两零售企业带来更多利润。

（相关阈值表达式及证明参见附录 9）

当零售企业 A 的顾客移动可及率 λ_A 超过 $\frac{1}{2}$ 时，在"限定顾客位置"的移动目标营销下，两零售企业会选择保守型的定位决策；而在"允许顾客摘樱桃"的移动目标营销下，两零售企业会选择激进型的定位决策。表 4-3 和表 4-4 中的结果显示，当单位交通成本 t 足够低或接近 $\frac{1}{2}v$ 时，零售企业 A 会在"限定顾客位置"的移动目标营销下失去中间区域的全部市场份额；而允许顾客摘樱桃时，零售企业 A 却能够在中间区域的第 II 部分顾客中得到比零售企业 B 更多的市场份额甚至占有第Ⅱ部分所有顾客（因为 $p_{Am}{}^* \leqslant p_{Bm}{}^*$）。同时，零售企业 A 总是要承受零售企业 B 偷猎第Ⅳ部分的顾客所造成的利润损失。综上，当单位交通成本 t 足够低或接近 $\frac{1}{2}v$ 时，"限定顾客位置"的移动目标营销并没有改变零售企业 A 的利润；而"允许顾客摘樱桃"的移动目标营销为零售企业 A 的利润同时带来正面和负面的影响。当正面影响大于负面影响时，"允许顾客摘樱桃"的移动目标营销在单位交通成本 t 满足一定条件时，能为零售企业 A 带来比"限定顾客位置"的移动目标营销更多的利润。

对零售企业 B，当单位交通成本 t 足够低或接近 $\frac{1}{2}v$ 时，虽然在"限定顾客位置"的移动目标营销下零售企业 B 占有了中间区域的全部市场份额，但是此时中间区域的顾客数量相对较少。然而，对手 A 领地中的顾客数量却相对很大，所以对 B 来说，采取激进型定位决策以高于 A 的顾客移动可及率，"偷猎"A 领地内的顾客绝对是最佳选择。所以，"允许顾客摘樱桃"的移动目标营销能在单位交通成本 t 足够低时为零售企业 B 带来比"限定顾客位置"的移动目标营销更多的利润。

以上分析均是基于顾客移动可及率不对称的竞争环境下，零售企业分别采取"限定顾客位置"和"允许顾客摘樱桃"两移动目标营销的横向对比。下面我们纵向比较在顾客移动可及率对称和不对称的竞争环境下，"允许顾客摘樱桃"移动目标营销的定位决策及均衡价格的异同。首先，在顾客移动可及率对称的竞争环境下，两零售企业在"允许顾客摘樱桃"的移动目标营销中，应根据单位交通成本调整定位决策，即单位交通成本相对较低时采用保守型定位决策，单位交通成本相对较高时采用激进型定位决策。然而，在顾客移动可及率不对称的竞争环境下，具有较高顾客移动可及率的零售企业 B 有动机一直使用激进型定位决策，所以零售企业 A 也只能采取激进型定位决策。其次，在均衡价格方面，可验证当 $\lambda_A = \lambda_B = 1$ 时，表 4-4 中关于单位交通成本 t 的阈值分别为：$t_0 = \frac{1}{2}v$，$t_1 = \frac{1}{2}v$，$t_2 = \frac{7}{12}v$。那么，表 4-4 中的结果与表 4-2 中顾客移动可及率对称的竞争环境下零售企业采取激进型定位决策所得的均衡价格完全吻合。

综上所述，在顾客移动可及率不对称的竞争环境下，顾客的摘樱桃行为在一定条件下对零售企业的利润的正面影响大于负面影响，企业应该合理利用。与学者 Drèze（1999）提出顾客的摘樱桃行为是把"双刃剑"的观点一致。

4.5 数值模拟分析

本节用数值模拟实例展示所得模型结果的管理意义。第一项数值分析实例是在顾客移动可及率对称的竞争环境下（即 $\lambda_A = \lambda_B = 1$ 时），对比分析两种移动目标营销在统一定价基础上为零售企业带来的利润改变量。通过对参数 v 赋值，令参数 $v=1$，基于定理 4.1 以及表格 4-2 中的均衡折扣价格，可得图 4.6。图 4.6 描述了两种移动目标营销给零售企业带来的利润改变量。

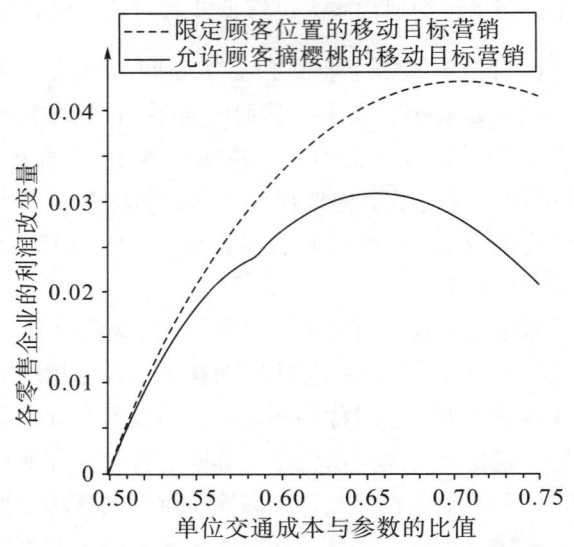

图 4.6 对称竞争环境下两种移动目标营销给企业带来的利润改变量比较

从图 4.6 可以观察出，首先，在对称竞争环境下，两种移动目标营销给零售企业双方带来的利润改变量都是相同的。其次，在"允许顾客摘樱桃"的移动目标营销中，因为零售企业的利润改变量是关于单位交通成本 t 的分段函数，所以利润改变量对应的曲线并不是光滑的，但是对应曲线在分段点处连续。分段点正好体现了零售企业在"允许顾客摘樱桃"的移动目标营销中的定位决策随着单位交通成本的增加，从保守型向激进型的转变。最后，也很容易发现，对零售企业而言，"限定顾客位置"的移动目标营销的盈利水平始终高于"允许顾客摘樱桃"的移动目标营销。即在顾客移动可及率对称的竞争环境下，顾客的摘樱桃行为对零售企业利润的负面影响总是大于正面影响。

第二，在考虑顾客移动可及率不对称的竞争环境下，比较两种移动目标营销在统一定价的基础上为零售企业带来的利润改变量大小。令参数$\lambda_A = 0.6$，$\lambda_B = 1$以及$v = 1$。基于表4-3、表4-4中的定价决策，我们可得图4.7。

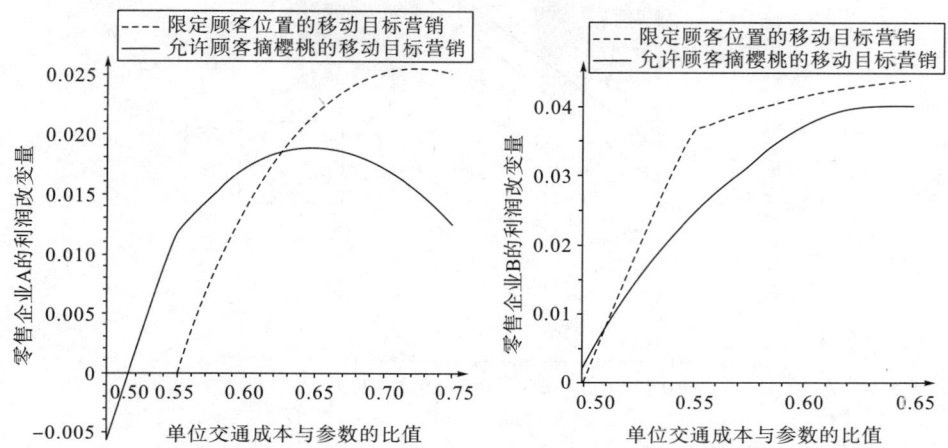

图4.7 不对称竞争环境下两种移动目标营销给企业带来的利润改变量比较

图4.7分别展示了对各零售企业而言，在单位交通成本t相对较低时，"允许顾客摘樱桃"的移动目标营销的盈利水平高于"限定顾客位置"的移动目标营销。特别的，如果零售企业A努力提高其顾客移动可及率λ_A直到与λ_B相等，那么竞争的不对称性则逐渐消失，而图4.7中的各条曲线将逐渐与图4.6中的对应曲线重合。

最后一项数值模拟实例展示移动目标营销给零售企业带来的利润改变量关于零售企业A的顾客移动可及率λ_A的敏感性分析。取参数$v = 1$，我们可得图4.8和图4.9。

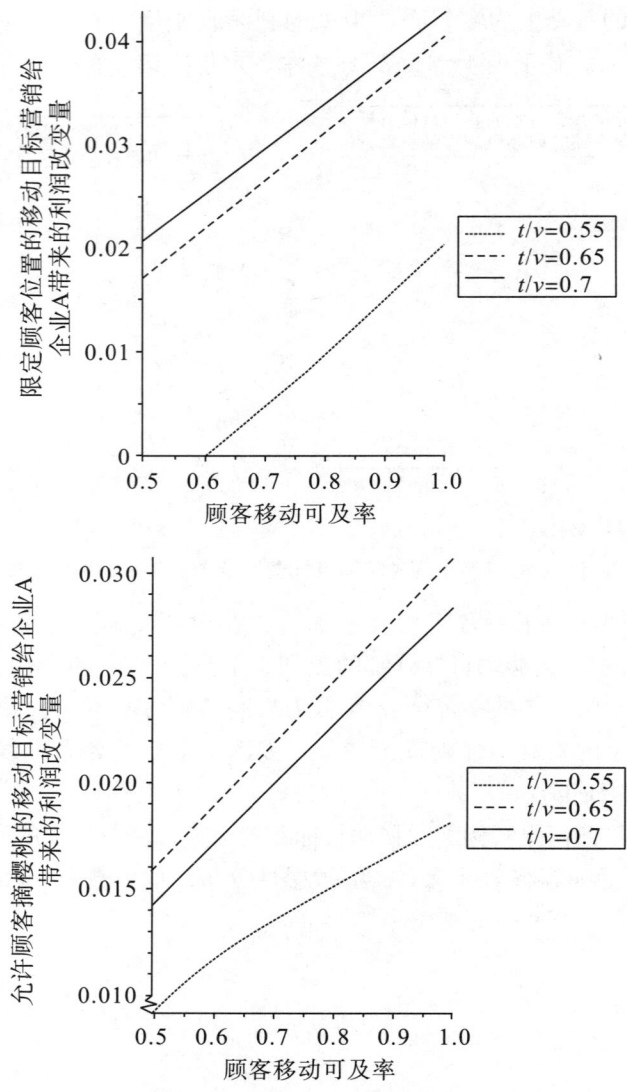

图 4.8 不对称竞争环境下两种移动目标营销给企业 A 带来的利润改变量

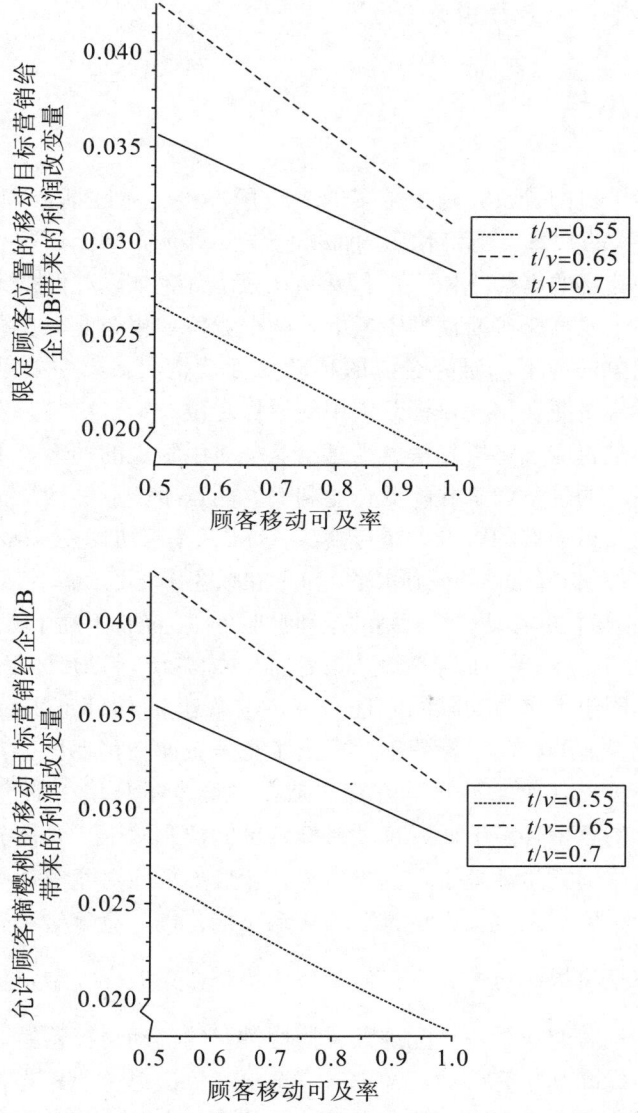

图 4.9 不对称竞争环境下两种移动目标营销给企业 B 带来的利润改变量

如图 4.8 和图 4.9 所示,在顾客移动可及率不对称的竞争环境下,两种移动目标营销给零售企业 A 带来的利润改变量关于零售企业 A 的顾客移动可及率 λ_A 单调递增,而两种移动目标营销给零售企业 B 带来的利润改变量关于 λ_A 单调递减。并且零售企业们的利润改变量关于 λ_A 的单调性并不会应为单位交通成本 t 的不同而改变。由此再次证实,零售企业 A 应当努力提高自己拥有的

顾客移动可及率 λ_A，以摆脱竞争劣势。

4.6 本章小结

随着智能手机的普及，越来越多的手机用户接受并逐渐依赖基于 LBS 的服务。不断扩大的 LBS 市场和不断增加的资金投入表明，结合 LBS 的 O2O 营销模式将成为 O2O 市场的焦点。本研究可为移动目标营销的实践过程提供理论支撑。

本章在一个双寡头垄断模型中考虑了两个竞争零售企业，在顾客移动可及率不对称的竞争环境下，研究企业的移动目标营销决策。主要结论如下：第一，提出两零售企业在移动目标营销中的最优定位及定价决策。发现定位决策主要指导企业是否应该将折扣信息推送给竞争对手附近的顾客，不恰当的定位决策会引起恶性的价格竞争并降低企业利润。两竞争企业的均衡折扣价格除了受到顾客单位交通成本的影响，还与顾客移动可及率密切相关。第二，通过具体比较分析两种移动目标营销的盈利水平，证明在顾客移动可及率不对称的竞争环境下，允许顾客摘樱桃的移动目标营销的盈利水平在一定条件下高于限定顾客位置的移动目标营销。这些结果有助于管理决策者们有效地制定移动目标营销决策。

首先，不同于大多数文献的实证研究，本章建立了 Hotelling 模型，基于博弈理论研究企业的移动目标营销，提出了竞争企业在移动目标营销中的均衡定位及定价决策。其次，不同于已有文献在对称竞争环境下研究移动目标营销，在不对称的竞争环境下研究移动目标营销的盈利水平。具体分析在顾客移动可及率不对称的竞争环境下，竞争劣势企业应如何应对竞争优势企业的营销决策。若企业采取"限定顾客位置"的移动目标营销，竞争劣势企业应将其顾客移动可及率至少提高至 $\frac{1}{2}$，以促使竞争优势企业采取保守型定位策略，从而减少利润损失；若企业采取"允许顾客摘樱桃"的移动目标营销，竞争劣势企业应尽可能地提高其顾客移动可及率，直至与竞争优势企业相当，才能促使竞争优势企业采取保守型定位决策。最后，与传统观点认为顾客摘樱桃行为对企业利润只存在负向影响不同，本书的模型结果证明顾客的摘樱桃行为在移动目标营销中对企业利润同时产生正、负面影响，并对企业如何合理利用顾客摘樱桃行为的正向作用提供理论指导。

此外，本章的研究在讨论两竞争零售企业的均衡定位、定价决策时并没有考虑移动目标营销产生的推送成本。本书将在下一章的相关研究中考虑推送成本对非对称环境下竞争企业移动目标营销决策的影响。

5 结语

5.1 研究结论

本书的第一个研究对象是交易型O2O的衍变模式：团购优惠券营销。研究企业如何利用团购优惠券的兑换限制条件影响顾客的易用感知程度，从而有效实施价格歧视。第二个研究对象是顾问型O2O模式：基于地理位置服务（LBS）的移动目标营销。在不对称的竞争环境下，考虑顾客的摘樱桃行为并研究竞争企业如何基于顾客实时地理位置将对的折扣信息推送给对的顾客。

（1）团购优惠券营销决策的主要结论。

①零售企业应该根据如下结果设计团购优惠券：当不知情顾客对商品的初始估值高于商品原价时，企业应该设计苛刻的兑换限制条件从而降低顾客易用感知程度，直到顾客易用感知程度低于价格折扣率，以保证不知情顾客放弃团购消费而选择门店消费。此情况下团购优惠券的最优设计并不唯一，所有使得顾客对团购优惠券的易用感知程度不高于价格折扣率的设计都是可行的。

当不知情顾客对商品的初始估值低于商品原价时，团购优惠券的最优设计方案只有在不知情顾客的比例超过一定阈值时才存在，否则企业便不应采取团购优惠券营销。在此情况下，优惠券的最优设计方案是唯一的，并显示企业应该设计较为宽松的兑换限制条件，从而提高顾客易用感知程度直至高于价格折扣率，从而使不知情顾客从不消费转化为团购消费。

②当不知情顾客对商品的初始估值高于商品原价时，单、双阶段团购优惠券营销的盈利水平相同；当不知情顾客对商品的初始估值低于商品原价时，单、双阶段团购优惠券营销的盈利水平高低主要由一个特殊比值的取值情况决定，该比值为提供团购优惠券所引起的单位损失与商品原价带来的边际利润之比。若特殊比值的取值不超过双阶段团购优惠券在第二阶段引起的额外需求量与第二阶段的团购总需求量之比，则双阶段团购优惠券营销优于单阶段营销；

若特殊比值的取值增加，但不超过单阶段团购优惠券在两阶段引起的额外需求量与两阶段的团购总需求量之比，则单阶段团购优惠券营销优于双阶段营销；若特殊比值的取值继续增加，则企业不应采取团购优惠券营销。

③在顾客对团购优惠券的感知易用程度具有同质性和异质性的情况下，研究结果证明，单、双阶段团购营销的利润占优条件相同，即具有稳定性。

（2）顾客移动可及率不对称时移动目标营销决策的主要结论。

①分别在顾客移动可及率对称以及不对称的竞争环境下，提出零售企业在"限定顾客位置""允许顾客摘樱桃"两种移动目标营销中的均衡定位及定价决策。定位决策表明，两企业的竞争能力越接近，企业推送折扣信息至对手附近顾客的可能性越小；反之，拥有竞争优势的企业推送折扣信息至对手附近顾客的可能性则越大，而竞争劣势企业为了挽回利润损失，往往只能采取相同的定位决策。定价决策表明，均衡价格除了受到顾客单位交通成本的影响，还与顾客移动可及率等因素有关。

②通过对比两种移动目标营销给零售企业带来的利润增量，我们发现，在顾客移动可及率对称时，"允许顾客摘樱桃"的移动目标营销的盈利能力始终低于"限定顾客位置"的移动目标营销。即在顾客移动可及率对称的竞争环境下，顾客的摘樱桃行为对零售企业的利润只产生负面影响。然而，在顾客移动可及率不对称时，"允许顾客摘樱桃"的移动目标营销在单位交通成本满足一定条件时为零售企业带来的利润增量则高于"限定顾客位置"的移动目标营销。即在顾客移动可及率不对称的竞争环境下，顾客的摘樱桃行为对零售企业的利润产生双面影响。由此，企业应该合理利用顾客的摘樱桃行为。

5.2 理论贡献和管理启示

5.2.1 理论贡献

本书选题来自运营管理和市场营销的交叉领域，从理论模型角度研究企业 O2O 营销决策的已有文献相对较缺乏，所得结果可以弥补这方面文献的不足。

第一，因为在已有文献基础之上拓宽了研究视角，本书通过建立理论模型得到与已有文献不同的结果：

关于移动目标营销决策的研究，本书在学习借鉴 Chen 等（2015）的基础上，首先将顾客的实时地理位置从离散情况扩展到连续情况，发现关于顾客摘樱桃行为的分析结果与文献 Chen 等（2015）正好相反。Chen 等（2015）通过优化推送至离散地点的折扣价格，完全杜绝了顾客的摘樱桃行为。本书将顾客的地理位置拓展为连续点，并证明企业不仅不能完全杜绝顾客的摘樱桃行为，而且还能在一定条件下利用顾客的摘樱桃行为。

第二，本书通过建立理论模型所得的部分结果与已有文献的定性研究、实证研究结果保持一致，为已有的研究结果提供定量的理论支撑：

①在关于团购优惠券设计的研究结果中，本书提出的最优价格折扣率、兑换限制条件苛刻程度等量化结果正好可以与韦荷琳等（2016），赵素娟（2014）以及马天玲（2014）等学者提出的定性建议相对应，有助于参与团购 O2O 零售企业更好地理解并运用研究成果。

②通过模型求解得到的长期、短期团购策略的利润占优条件与文献 Gupta 等（2012）中关于团购优惠券营销的第一条建议保持一致。Gupta et al. (2012) 对企业的第一条建议为：团购优惠券最适合边际利润高的商品。

第三，本书通过建立理论模型所得的部分结果与运营管理领域部分文献的研究结果保持一致，为运营管理领域的某些结论仍然适用于营销领域提供了理论依据：

①本书关于团购优惠券营销决策的研究结果证明，在门店消费的基础之上，企业可以通过团购优惠券营销提高利润，这个结果与学者 Chen 和 Bell (2017) 的结论一致，Chen 和 Bell（2017）证明，产品消费形式的多样化可以提高企业的利润。

②本书的模型结果显示，虽然市场总需求无法扩张，但是两竞争企业在成本不对称的环境下同时采用移动目标营销并不一定会导致传统观点中的"囚徒困境"。Shaffer 和 Zhang（2002）在顾客对竞争企业的商品偏好不对称的环境下证明，目标定价不一定会导致囚徒困境。我们的研究结果与 Shaffer 和 Zhang（2002）一致，即企业在非对称环境下的竞争不一定导致囚徒困境，但是一方的利润增长必定以另一方的利润损失为代价。此外，本书将企业的竞争环境从对称情形扩展到了不对称情形。

③本书发现，顾客的摘樱桃行为在移动目标营销中对企业利润的影响具有双面性，与 Drèze（1999）的观点一致，提示企业应该用好这把双刃剑，在适当的条件下鼓励顾客发生摘樱桃行为。

综上所述，本书利用运营管理领域的理论方法研究企业的营销决策，对扩展运营管理领域及市场营销领域的交叉研究做出了理论贡献。考虑市场竞争环境以及消费者感知和行为等具体因素，利用经济学原理和博弈理论研究 O2O

模式下的团购优惠券营销决策以及基于LBS的移动目标营销决策。研究表明，基于运营管理的研究方法在模型中量化市场竞争环境和顾客感知、行为因素是切实可行的，模型结果的显示解为零售企业科学、合理地设计团购优惠券以及制定移动目标营销决策提供了清晰简单的参考意见，进一步证实了跨学科、跨领域研究的必要性和有效性。

5.2.2 管理启示

5.2.2.1 关于团购优惠券营销的管理启示

团购优惠券营销是一种常态的、可持续发展的O2O营销模式，零售企业不应以成本竞争为主，用低价吸引顾客，而应该重点利用团购优惠券的广告作用，注重顾客体验，努力吸引新顾客并提高顾客回购率。

团购优惠券的兑换限制条件一方面帮助企业对顾客实施了价格歧视，另一方面促进顾客根据自己的易用感知程度决定是否参与团购，有效减少了顾客的不满投诉，提升了其线下体验。因此，企业管理者在设计团购优惠券时，除了考虑优惠券的价格折扣率之外，还应该合理利用优惠券兑换限制条件的苛刻程度。顾客对团购优惠券的感知易用程度是直接反应优惠券兑换限制条件苛刻程度的数值指针，企业可以根据该数值指针设计团购优惠券的兑换限制条件。

不同于O2O初期的粗放型团购只适合暴利领域的企业，团购优惠券营销适合大多数本地服务零售企业，对企业的运营成本等因素并没有特别的限制。此外，具有合适的价格折扣率以及适当的顾客易用感知程度的团购优惠券在一定条件下可以长期向顾客开放。

5.2.2.2 关于移动目标营销的管理启示

移动目标营销是移动互联网时代一种新兴的O2O营销模式，利用地理位置服务于LBS技术，为零售企业提供根据顾客的实时地理位置推送个性化折扣信息的机会。零售企业在移动目标营销中应该关注如何将对的折扣信息推送给对的顾客，所以需要同时考虑定位决策和定价决策。定位决策指企业对位于什么地理位置的顾客推送商品折扣信息；定价决策指企业对给定地理位置的顾客推送什么样的折扣价格。在竞争环境下，企业的定位决策主要受企业竞争能力大小的影响。若两企业竞争能力相当，则推送折扣信息给对手附近顾客的概率较小；反之，则推送折扣信息给对手附近顾客的概率较大。而企业的定价决策与顾客的单位交通成本、顾客移动可及率、单位推送成本、单位生产成本等诸多因素有关。

在顾客移动可及率不对称的竞争环境下，若企业采取"限定顾客位置"的移动目标营销，竞争劣势企业（顾客移动可及率较低）应将其顾客移动可及率至少提高至$\frac{1}{2}$，以促使竞争优势企业（顾客移动可及率较高）采取保守型定位策略，减少利润损失；若企业采取"允许顾客摘樱桃"的移动目标促销，竞争劣势企业应尽可能提高其顾客移动可及率，直至与竞争优势企业相当，才能促使竞争优势企业采取保守型定位策略。并且，顾客的摘樱桃行为对竞争企业的利润产生双面影响，企业在一定条件下应该鼓励顾客的摘樱桃行为，从而提高企业利润。

5.3 研究局限及展望

5.3.1 研究局限

本书尚存在如下几方面的不足，可作为未来进一步的研究方向。

对于团购优惠券营销决策的研究，我们在模型中假设知情顾客人数比例为一固定常数，但在现实中，零售企业可能无法得到知情顾客人数比例的精确数值，所以在未来的研究中考虑知情顾客人数比例的不确定性更具实际意义。此外，基于顾客的易用感知程度研究竞争环境下零售企业的团购营销决策，也是我们未来的研究问题之一。

在不对称的竞争环境下，我们在移动目标营销模型中设计了两个竞争零售企业。但是在现实市场环境中，多个零售企业并存的情况是很常见的。讨论多个竞争零售企业的移动目标营销决策更具现实意义。此外，我们在模型中将零售企业拥有的顾客移动可及率、短视型顾客的比例参数视为已知的公开信息。但是在实际市场环境中，某零售企业在做决策时可能无法掌握其他零售企业拥有的顾客移动可及率信息，或者零售企业也可能很难取得短视型顾客比例的精确值，故可以进一步在顾客移动可及率不确定以及短视型顾客比例参数不确定的情况下研究零售企业的移动目标营销。

零售企业的服务质量等因素对顾客的购买决策也有很重要的影响，所以可结合服务质量等因素研究零售企业移动目标营销对零售企业利润的影响，虽然这从理论上大大增加了建立模型的难度，但是可以得到更丰富的结果。

5.3.2 研究展望

首先，利润最大化不一定是企业采取 O2O 营销的唯一目的，如企业可能需要通过 O2O 营销提高顾客忠诚度，增加社会福利等。研究为了达到不同目标，企业如何制定不同的 O2O 营销决策具有更广泛的现实意义，这也是值得我们努力的研究方向之一。

其次，理论模型结果需要结合实际案例数据进行验证，所以，在未来的研究中我们应该重点关注理论模型与试验、实证结果的结合。虽然理论模型研究、实验研究以及实证研究属于不同的研究方法，但是结合多种方法的研究容易得到更切合实际、更有意义的结果。

最后，随着移动互联网的发展，基于手机 App 的 O2O 营销将更加普遍。App 的独特魅力在于能完美解决顾客与零售企业的互动问题，所以其营销效果更容易受到人行为的影响，在未来的研究中，结合行为科学的研究方法讨论顾客或者决策者的行为因素也非常有必要。结合运营管理和行为科学理论研究 O2O 营销决策一定能得到比在单一研究领域下更为丰富的结果，也更具实践意义。

本书仅仅在移动互联网时代 O2O 决策研究的科研道路上迈出了一小步，O2O 的决策问题值得我们从更多角度、结合不同的研究范式做进一步探索。

参考文献

艾瑞咨询，2017. 2017年中国网络广告市场年度监测报告[EB/OL]. http://report.iresearch.cn/wx/report.aspx?id=2980.

曹丽，尤颖，2011. 基于Groupon的中国网络团购运营模式及发展对策研究[J]. 江苏商论，9：46-49.

陈剑，张楠，2008. 针对等待敏感顾客的缺货补偿与库存策略研究[J]. 管理科学学报，11（3）：53-62.

陈小芳，吴晓萍，马冠骏，2015. 基于TAM模型的网络购物影响因素分析[J]. 宿州学院学报，30（3）：42-46.

陈秀云，陈贞锐，檀艳容，2015. 二维码促销方式对顾客购买意愿的影响研究[J]. 物流工程与管理，37（3）：170-176.

范丽繁，王满四，2016. 基于Bertrand模型的双寡头商家的团购定价策略[J]. 系统工程（4）：62-69.

郭静，2014. 团购服务空窗期：闭环O2O中的一个缺口[J]. IT时代周刊（7）：45-45.

郭顺利，张向先，李中梅，2015. 面向用户信息需求的移动O2O在线评论有用性排序模型研究——以美团为例[J]. 图书情报工作（23）：85-93.

郭燕萍，2016 基于LBS的O2O电子商务个性化推荐方法研究[J]. 农业网络信息（12）：52-54.

洪国彬，廖敏，2015. 团购网站O2O用户体验影响因素实证研究[J]. 华侨大学学报（哲学社会科学版）(3)：68-76.

极客公园，2018. 微信、支付宝、摩拜和抖音？2017年中国人这么用App[EB/OL]. http://www.geekpark.net/news/226820.

姜奇平，2011. O2O商业模式剖析[J]. 互联网周刊（19）：18-23.

蒋志伟，姜锦虎，冯其友，2006. 双头垄断条件下生产成本不对称对商业化投资时机的影响分析[J]. 管理学报，3（4）：412-415.

孔栋，左美云，孙凯，2015. O2O 模式分类体系构建的多案例研究 [J]. 管理学报，12（11）：1588-1597.

雷宏振，邵鹏，雷蕾，2012. 我国旅游景区门票多目标定价机制研究 [J]. 旅游学刊，27（7）：49-56.

李翠芝，2014. 基于电子商务 O2O 模式的利弊研究——以糯米网为例 [J]. 农业网络信息（7）：10-14.

李娟博，闫庆友，齐玉霞，2009. 生产成本信息不对称下差异 Bertrand 结构中的许可 [J]. 数学的实践与认识，39（19）：30-38.

李巧丹，王红林，2017. 基于 LBS 的 O2O 移动电子商务精准营销路径研究 [J]. 商场现代化（1）：55-57.

李帅鹏，孙毅，王吉元，2015. 基于静态定价机制的团购网站退款策略研究 [J]. 数学的实践与认识，45（19）：293-300.

李萧然，2012. 团购网站寒潮来袭 O2O 模式获资本青睐 [J]. IT 时代周刊（9）：43-44.

李政，2015. 电子商务视角下团购销售影响因素分析 [J]. 统计与决策（23）：97-99.

林晓丹，宋骁，2015. O2O 团购商业模式发展现状及对策浅析 [J]. 中国管理信息化（11）：181-182.

刘晓羽，2013. O2O 能否成为团购业的救赎 [J]. IT 时代周刊（1）：76-76.

刘忠轶，陈丽华，张晓欢．，2013. 基于博弈论的团购券执行时间和定价策略研究 [J]. 商业研究，55（5）：81-85.

卢益清，李忱，2013. O2O 商业模式及发展前景研究 [J]. 企业经济（11）：98-101.

吕芹，2014. O2O 与 LBS 结合玩转不同行业 [J]. 互联网周刊（7）：26-27.

吕文龙，2011. 团购：抛砖引玉 O2O [J]. 互联网周刊（19）：26-28.

马天玲，2014. O2O 模式下的团购网站消费者行为分析初探及策略 [J]. 江苏商论（34）：56-57.

美团点评，2017. 2017 年中国餐饮白皮书 [EB/OL]. http://www.199it.com/archives/592087.html.

尼尔·雷克汉姆，约翰·德文森蒂斯，2009. 销售的革命 [M]. 北京：中国人民大学出版社.

宁成佳，张宇，2016. 基于 TAM 模型的大学生互联网购物影响因素研究 [J]. 绵阳师范学院学报，35（7）：34-38.

参考文献

庞博，2015. 团购不死，须转型O2O［J］. 互联网经济（4）：89-89.

乔艳，陇小渝，2016. 基于TAM的移动O2O电子商务用户接受影响因素研究［J］. 信息技术与信息化（3）：46-49.

宋贵玉，2016. 基于LBS和O2O模式的农村物流配送信息平台建设［J］. 物流技术，35（2）：99-102.

苏磊，2012. 不能说的秘密——浅谈团购O2O模式［J］. 信息与电脑（9）：24-27.

苏壬华，杨媛媛，2017. O2O平台的盈利模式分析——以美团网为例［J］. 价值工程，36（31）：38-41.

苏涛，2012. O2O电子商务商业新模式分析［J］. 全国商情·理论研究（3）：34-35.

孙涵，2015. 打好线上团购这张牌［J］. 中国药店，14：45-46.

孙继伟，孔蕴雯，2016. 外卖O2O平台商业模式比较——以饿了么、美团外卖、到家美食会为例［J］. 企业管理（2）：86-88.

孙思，2012. 简析团购网站的产品定位策略［J］. 东方企业文化，10：13-13.

谭娟，2015. 基于O2O模式在实体零售企业的应用研究——国内外优秀实体零售商案例分析［J］. 经济研究参考，17：78-80.

谭钧，2015. 基于LBS技术与O2O模式的城市共同配送研究［J］. 物流技术，34（22）：126-129.

唐尧，马士华，2015. 网络团购下的定价与持续时间决策［J］. 管理科学学报，18（9）：12-23.

腾讯科技，2017. 腾讯位置服务日均定位调用突破550亿［EB/OL］. http://www.EB/OLrun.com/20171109/253212.shtml.

汪明远，赵学锋，2015. 消费者调节定向和从众行为对移动优惠券使用意愿的影响研究［J］. 管理学报，12（7）：1045-1050.

王晨露，2016. O2O平台定价机制分析——以百度糯米为例［J］. 会计师（5）：78-79.

王翠森，2014. O2O团购商业模式的发展历程浅析［J］. 商场现代化（13）：73-74.

王俊辉，韩丹，谈贤臣，石泓，2014. O2O结合LBS的电子商务模式研究［J］. 电子世界（7）：19-21.

王巧铃，2015. 电子商务背景下网络团购促销定价策略研究［J］. 价格月刊（4）：73-77.

王雪梅，2011. O2O 的价值突破［J］. IT 经理世界（17）：26-26.

王燕茹，梅佳，迟藤，卓银凤，马光耀，2014. 基于 O2O 模式的年轻消费群体团购行为影响因素分析［J］. 商业时代（29）：65-68.

王颖，2017. 基于 LBS 技术的 O2O 智能商用平台中关键技术研究［J］. 信息与电脑（24）：1-2.

王韵娴，2017. 浅析美团大众 O2O 电子商务模式［J］. 经贸实践，（21）：155-155.

韦荷琳，张超，李思敏，李家漫，2016. O2O 团购运营模式发展研究［J］. 商业经济研究（4）：83-85.

魏国强，刘颖，2012. 基于 LBS 和 O2O 的移动电子商务业务模式研究［J］. 科技创业月刊（6）：36-38.

吴威，2015. 基于 TAM 模型的消费者移动网络购物行为研究［J］. 商业时代（13）：61-62.

夏清华，陈冬冬，2017. 线上线下商业模式如何创造价值——基于四个案例的比较分析［J］. 经济与管理，31（1）：72-77.

谢刚，李治文，戈琪，顾桂芳，2015. 消费者微信营销接受度影响因素的实证研究［J］. 管理现代化，35（3）：96-98.

徐青，孙倩芸，张依，孙志锋，2016. 动态定价团购模式下消费者参团行为研究［J］. 商业经济与管理（10）：17-23.

薛小伟，2015. 移动互联网时代：团购类网站更深层次实施 O2O 的方法探究——以美团网为例［J］. 商场现代化（3）：72-74.

颜波，刘艳萍，李鸿媛，2015. 成本信息不对称下零售商主导的混合渠道供应链决策分析［J］. 中国管理科学，23（12）：124-134.

杨一翁，孙国辉，王毅，2016. 消费者愿意采纳推荐吗？基于信息系统成功技术接受模型［J］. 中央财经大学学报，7：109-117.

易观国际，2018. 2018 中国本地生活服务 O2O 行业分析报告［EB/OL］. http://www.199it.com/archives/683935.html.

袁擎宇，2016. 基于 LBS 和 O2O 模式的换灯服务系统的设计和实现［J］. 无线互联科技（18）：38-39.

张亚峰，2016. 结合 TAM 模型的 O2O 电子商务消费影响因素研究［J］. 江苏商论（35）：38-39.

张艳，2017. 零售 O2O 的创新发展研究——以苏宁云商为案例［J］. 商业时代（8）：100-102.

张艳青, 2015. 基于团购模式的本地化生活服务电子商务平台构建研究 [J]. 青岛科技大学（社会科学版), 31 (3): 62-68.

张毅, 2015. 自己玩死自己的团购网站 [J]. 电脑迷 (3): 5-5.

赵素娟, 2014. 团购 O2O 模式发展对策探析 [J]. 江苏商论 (21): 73-74.

赵长江, 刘斌, 2017. 广告促销下的零售商团购定价策略研究 [J]. 上海管理科学, 39 (1): 12-15.

庄云云, 卢黎莉, 2017. 大学生餐饮团购满意度影响因素调查 [J]. 商场现代化 (11): 40-43.

ADWEEK, 2015. 170 U. S. Brands Are Already Using This Ad Tech That Can Target People in a Specific Building [EB/OL]. http://www.adweek.com/digital/170-us-brands-are-already-using-ad-tech-can-target-people-specific-building-163272/.

ALLISON B A, LEPORE J J, 2016. Price Competition with Decreasing Returns-to-Scale A General Model of Bertrand-Edgeworth Duopoly. Working Paper.

ANDREWS M, LUO X, FANG Z, GHOSE A, 2015. Mobile Ad Effectiveness: Hyper-Contextual Targeting with Crowdedness [J]. Marketing Science, 35 (2): 218-233.

ATTAHIRU G M, KHOO-LATTIMORE C, 2015. Location-based Services: Tool for Tourism Service Promotion [J]. Journal of Business and Economics, 6 (12): 2089-2096.

BARUTÇU S, 2007. Attitudes towards mobile marketing tools: A study of Turkish consumers [J]. Journal of Targeting Measurement Analysis for Marketing, 16 (16): 26-38.

BAUER H H, BARNES S J, 2005. Driving consumer acceptance of mobile marketing [J]. Journal of Electronic Commerce Research, 6 (3): 181-192.

BAUER C, STRAUSS C, 2016. Location-based advertising on mobile devices: A literature review and analysis [J]. Management Review Quarterly, 66 (3): 159-194.

BAYE I, SAPI G, 2014. Targeted pricing, consumer myopia and investment in consumer-tracking technology. Discussion Paper.

BIA/KELSEY, 2016. Location-Targeted Mobile Ad Spend to Reach

$29.5B in the U.S. in 2020 [EB/OL]. http://www.biakelsey.com/location-targeted-mobile-ad-spend-reach-29-5b-u-s-2020/.

CARROLL, 2017. Location-based Advertising: All Aboard for Success [EB/OL]. https://appleyardagency.com/location-based-advertising-all-aboard-for-success/.

CHE T, PENG Z, LIM K H, HUA Z, 2015. Antecedents of consumers' intention to revisit an online group-buying WEB/OLsite: A transaction cost perspective [J]. Information Management, 52 (5): 588-598.

CHEN J, BELL P C, 2017. Enhancing revenue by offering a flexible product option [J]. International Transactions in Operational Research, 24 (4): 801-820.

CHEN Y, LI X, SUN M, 2015. Competitive mobile targeting. Working paper, New York University Shanghai.

CHEN Y, LI X, SUN M, 2017. Competitive Mobile Geo Targeting [J]. Marketing Science, 36 (5): 666-682.

CHEN Y, ZHANG Z J, 2009. Dynamic targeted pricing with strategic consumers [J]. International Journal of Industrial Organization, 27 (1): 43-50.

CHENG H H, HUANG S W, 2013. Exploring antecedents and consequence of online group-buying intention: An extended perspective on theory of planned behavior [J]. International Journal of Information Management, 33 (1): 185-198.

CHENG J M S, BLANKSON C, WANG E S T, CHEN L S L, 2009. Consumer attitudesandinteractive digital advertising [J]. International Journal of Advertising, 28 (3): 501-525.

CONSTANTIOU I D, MAHNKE V, 2010. Consumer behaviour and mobile TV services: Do men differ from women in their adoption intentions [J]. Journal of Electronic Commerce Research, 11 (11): 127-139.

CONSTANTIOU I D, PAPAZAFEIROPOULOU A, VENDELØ M T, 2009. Does culture affect the adoption of advanced mobile services? A comparative study of young adults' perceptions in Denmark and the UK [J]. The Database for Advances in Information Systems, 40 (4): 132-147.

DANAHER P J, SMITH M S, RANASINGHE K, DANAHER T S, 2015. Where, When and How Long Factors that Influence the Redemption of

Mobile Phone Coupons [J]. Journal of Marketing Research, 52 (5).

DAURER S, MOLITOR D, SPANN M, MANCHANDA P, 2015. Consumer Search Behavior on the Mobile Internet: An Empirical Analysis. working paper.

DAVIS F D, 1989. Perceived Usefulness, Perceived Ease of Use, and User Acceptance of Information Technology [J]. MIS Quarterly, 13 (3): 319-340.

DENECKERE R J, KOVENOCK D, 1996. Bertrand - Edgeworth duopolywith unit cost asymmetry [J]. Economic Theory, 8 (1): 1-25.

DENG Z, LU Y, WEI K K, ZHANG J, 2010. Understanding consumer satisfaction and loyalty: An empirical study of mobile instant messages in China [J]. International Journal of Information Management, 30 (4): 289-300.

DHOLAKIA U M, 2010. How Effective Are Groupon PromotionsFor Businesses? Working Paper, Rice University.

DHOLAKIA U M, 2011. How Businesses FareWith Daily Deals: A Multi-Site Analysis of Groupon, LivingSocial, OpenTable, Travelzoo, and Buy With Me Promotions. Working Paper, Rice University.

DICKINGER A, Kleijnen M, 2008. Coupons going wireless: Determinants of consumer intentions to redeem mobile coupons [J]. Journal of Interactive Marketing, 22 (3): 23-39.

DRÈZE X, 1999. Rehabilitating Cherry Picking. Working paper, University of Southern California, Marshall School of Business.

DU Y, TANG Y, 2014. Study on the Development of O2O E-commerce Platform of China from the Perspective of Offline Service Quality [J]. International Journal of Business and Social Science, 5 (4): 308-312.

DUBÉ J P, FANG Z, FONG N, LUO X, 2017. Competitive Price Targeting with Smartphone Coupons [J]. Marketing Science, 36 (6): 944-975.

Edelman B, Jaffe S, Kominers S D, 2016. To Groupon or not to Groupon: The profitability of deep discounts [J]. Marketing Letters, 27 (1): 39-53.

eMarketer, 2018. How Consumers Really Feel About Location Data [EB/OL]. https://www.emarketer.com/content/how-consumers-really-feelabout−location−data?ecid=NL1007.

ERDOĞMUS I E, ÇIÇEK M, 2011. Online Group Buying: What Is There For The Consumers? [J]. Procedia−Social and Behavioral Sciences, 24: 308−316.

FANG Z, GU B, LUO X, XU Y, 2015. Contemporaneous and Delayed Sales Impact of Location−Based Mobile Promotions [J]. Information Systems Research, 26 (3): 552−564.

FERGUSON J L, 2014. Implementing price increases in turbulent economies: Pricing approaches for reducing perceptions of price unfairness [J]. Journal of Business Research, 67 (1): 2732−2737.

FONG N M, FANG Z, LUO X, 2015. Geo − conquesting: competitive locational targeting of mobile promotions [J]. Journal of Marketing Research, 52 (5): 725−735.

Fox E J, Hoch S J, 2005. Cherry−Picking [J]. Journal of Marketing, 69 (1): 46−62.

GALATA G, BUCKLIN R E, HANSSENS D M, 1999. On the Stability of Store Format Choice. Research Paper. Los Angeles, CA: Anderson Graduate School of Management, UCLA.

GAO Q, RAU P L P, SALVENDY G, 2009. Perception of interactivity: Affects of four key variables in mobile advertising [J]. International Journal of Human−Computer Interaction, 25 (6): 479−505.

GAO T, ROHM A J, SULTAN F, PAGANI M, 2013. Consumers un−tethered: A three−market empirical study of consumers' mobile marketing acceptance [J]. Journal of Business Research, 66 (12): 2536−2544.

GAURI D K, SUDHIR K, TALUKDAR D, 2008. The Temporal and Spatial Dimensions of Price Search: Insights from Matching Household Survey and Purchase Data [J]. Journal of Marketing Research, 45 (2): 226−240.

GROUPON. COM, 2015a. Steaks and fresh seafood at Sea Galley PepperMill [EB/OL]. http://www.groupon.com/deals/ak−managed−pepper−mill−sea−galley−3.

GROUPON. COM, 2015b. Deep−tissue massage at Sounds ofMassage [EB/OL]. http://www.groupon.com/deals/sounds−of−massage−3.

GROUPON. COM. 2015c. NYLO Hotel—Stay at NYLO New York City

inManhattan [EB/OL]. http://www. groupon. com/deals/ga-bk-nylo-new-york-4♯check_in=2015-07-09check_out=2015-07-10.

GROUPON. COM, 2017. The GrouponPromise [EB/OL]. https://www. groupon. com/groupon-promise.

GUPTA S, KEININGHAM T, WEAVER R, WILLIAMS L, 2012. Are daily deals good for merchants? Harvard Business School Case 9-513-059.

HA Y, IM H, 2014. Determinants of mobile coupon service adoption: assessment of gender difference [J]. International Journal of Retail Distribution Management, 42 (5): 441-459.

HSU M H, CHANG C M, CHU K K, LEE Y J, 2014. Determinants of repurchase intention in online group-buying: The perspectives ofDeLone McLean IS success model and trust [J]. Computers in Human Behavior, 36: 234-245.

HUANG K W, 2010. Equilibrium Market Segmentation for Targeted Pricing Based on Consumer Characteristics. Working Paper.

HUANG Y, HUTCHINSON J W, 2013. The roles of planning, learning, and mental models in repeated dynamic decision making [J]. Organizational Behavior and Human Decision Processes, 122 (2): 163-176.

HUI S K, INMAN J J, HUANG Y, SUHER J, 2013. The effect of in-store travel distance on unplanned spending: Applications to mobile promotion strategies [J]. Journal of Marketing Research, 77 (2): 1-16.

HUNG S, Y, KU C Y, CHANG C M, 2003. Critical factors of WAP services adoption: An empirical study [J]. Electronic Commerce Research Applications, 2 (1): 42-60.

IM H, HA Y, 2013. Enablers and inhibitors of permission-based marketing: A case of mobile coupons [J]. Journal of Retailing and Consumer Services, 20 (5): 495-503.

INMAN J J, MCALISTER L, 1994. Do Coupon Expiration Dates Affect Consumer Behavior [J]. Journal of Marketing Research, 31 (3): 423-428.

JAYASINGH S, EZE U C, 2009. An Empirical Analysis of Consumer Behavioral Intention Toward Mobile Coupons in Malaysia [J]. International Journal of Business and Information, 4 (2): 221-242.

JENTZSCH N, SAPI G, SULEYMANOVA I, 2013. Targeted pricing and consumer data sharing among rivals [J]. International Journal of Industrial Organization, 31 (2): 131−144.

JESSIE, 2010. Groupon in retrospect. PosiesBakery Cafe [blog] [EB/OL]. http://posiescafe.com/wp/?p=316.

JING X, XIE J, 2011. Group − Buying: A New Mechanism for Selling through Social Interactions [J]. Management Science, 57 (8): 1354−1372.

KANG M, GAO Y, WANG T, WANG M, 2015. The Role of Switching Costs in O2O Platforms: Antecedents and Consequences [J]. International Journal of Smart Home, 9 (3): 135−150.

KHAJEHZADEH S, OPPEWAL H, TOJIB D, 2014. Consumer responses to mobile coupons: The roles of shopping motivation and regulatory fit [J]. Journal of Business Research, 67 (11): 2447−2455.

KHAJEHZADEH S, OPPEWAL H, TOJIB D, 2015. Mobile coupons: what to offer, to whom, and where? [J]. European Journal of Marketing, 49 (5/6): 851−873.

KLEIJNEN M, RUYTER K D, WETZELS M, 2007. An assessment of value creation in mobile service delivery and the moderating role of time consciousness [J]. Journal of Retailing, 83 (1): 33−46.

KRISHNA A, ZHANG Z J, 1999. Short− or Long−Duration Coupons: The Effect of the Expiration Date on the Profitability of Coupon Promotions [J]. Management Science, 45 (9): 1041−1056.

LIU Z J, YANG Y, FANG Z, CAI J, 2013. Sales Impacts of Location Based Advertising Using Wireless Communication Technology [J]. Applied Mechanics and Materials, 268−270: 1741−1747.

LU Q, MOORTHY S, 2007. Coupons Versus REB/OLates [J]. Marketing Science, 26 (1): 67−82.

LUO X, ANDREWS M, FANG Z, PHANG C W, 2014 [J]. Mobile Targeting. Management Science, 60 (7): 1738−1756.

MIKLÓS T J, 2008. Optimal collusion under cost asymmetry [J]. Economic Theory, 46 (1): 99−125.

MISHRA S, 2014. Consumer Privacy and Targeted Pricing with Stochastic Valuations. Working Paper.

MOJIR N, SUDHIR K, KHWAJA A, 2014. Can Price Promotions Aid Loyalty? A Dynamic Structural Model of Search across Stores and across Time. Working Paper. Yale School of Management.

OKAZAKI S, 2007a. Exploring Gender Effects in a Mobile Advertising Context: On the Evaluation of Trust, Attitudes, and Recall [J]. Sex Roles, 57 (11-12): 897-908.

OKAZAKI S, 2007b. Lessons learned fromi-mode: What makes consumers click wireless banner ads? [J]. Computers in Human Behaviour, 23 (3): 1692-1719.

OKAZAKI S, Katsukura A, Nishiyama M, 2007c. How mobile advertising works: The role of trust in improving attitudes and recall [J]. Journal of Advertising Research, 47 (2): 165-178.

PRASAD U D, Bindhu V H, 2015. Cross Usage of Mobile Network Services [J]. European Journal of Business and Management, 7 (4): 44-53.

RAMPELL A, 2010. Why online2offline commerce is a trillion dollar opportunity. [EB/OL]. https://techcrunch.com/2010/08/07/why-online2offline-commerce-is-a-trillion-dollar-opportunity/.

SAPI G, SULEYMANOVA I, 2013. Consumer flexibility, data quality and targeted pricing. Dice Discussion Papers.

SHAFFER G, ZHANG Z J, 1995. Competitive Coupon Targeting [J]. Marketing Science, 14 (4): 395-416.

SHAFFER G, ZHANG Z J, 2000. Pay to Switch or Pay to Stay Preference-Based Price Discrimination in Markets with Switching Costs [J]. Journal of Economics Management Strategy, 9 (3): 397-424.

SHAFFER G, ZHANG Z J, 2002. Competitive One-to-One Promotions [J]. Management Science, 48 (9): 1143-1160.

SHIAU W L, LUO M M, 2012. Factors affecting online group buying intention and satisfaction: A social exchange theory perspective [J]. Computers in Human Behavior, 28 (6): 2431-2444.

SONG M, PARK E, YOO B, JEON S, 2016. Is the Daily Deal Social Shopping? An Empirical Analysis of Consumer Panel Data [J]. Journal of Interactive Marketing 33: 57-76.

SPIEKERMANN S, ROTHENSEE M, KLAFFT M, 2011. Street marketing:

How proximity and context drive coupon redemption [J]. Journal of Consumer Marketing, 28 (4): 280−289.

STRÖM R, VENDEL M, BREDICAN J, 2014. Mobile marketing: A literature review on its value for consumers and retailers [J]. Journal of Retailing and Consumer Services, 21 (6): 1001−1012.

STREED O J, CLIQUET G, ALBERT KAGAN, 2015. Optimizing Geofencing for Location − Based Services: A New Application of Spatial Marketing [M]. Springer Press.

SWAMINATHAN S, BAWA K, 2005. Category−specific coupon proneness: The impact of individual characteristics and category−specific variables [J]. Journal of Retailing, 81 (3): 205−214.

TALUKDAR D, GAURI D K, GREWAL D, 2010. An Empirical Analysis of the ExtremeCherry Picking Behavior of Consumers in the Frequently Purchased Goods Market [J]. Journal of Retailing, 86 (4): 336−354.

TECHCRUNCH, 2017. U. S. consumers now spend 5 hours per day on mobiledevices [EB/OL]. https://techcrunch.com/2017/03/03/u − s − consumers−now−spend−5−hours−per−day−on−mobile−devices/.

TINGCHI L M, MELEWAR T C, Brock J L, Cheng Shi G, Chu R, Tseng T H, 2013. Perceived benefits, perceived risk, and trust [J]. Asia Pacific Journal of Marketing and Logistics, 25 (2): 225−248.

WANG W T, WANG Y S, LIU E R, 2016. The stickiness intention of group−buyingWEB/OLsites: The integration of the commitment−trust theory and e−commerce success model [J]. Information Management, 53 (5): 625−642.

WANG Y, KRISHNA A, 2012. Enticing for me but unfair to her: Can targeted pricing evoke socially consciousbehavior? [J]. Journal of Consumer Psychology, 22 (3): 433−442.

WANG Y, YANG J, 2010. Research on and insights from perceptions of tourism coupons − Evidence from visitors to Hangzhou [J]. Consumer Economics, 26 (5): 56−59.

XIAO S, DONG M, 2015. Hidden semi−Markov model−based reputation management system for online to offline (O2O) e−commerce markets [J]. Decision Support Systems, 77: 87−99.

YANG Z, 2014. An organizational mode with reputation for O2O E−

commerce [C]. Proceedings of the First Symposium on Aviation Maintenance and Management—Volume II: 707-714.

YUN H, HAN D, LEE C C, 2013. Understanding the use of location-based service applications do privacy concerns matter [J]. Journal of Electronic Commerce Research, 14 (3): 215-230.

ZEB/OLRA-T, 2015. In the era of digital technology, the personal touch still makes a difference [EB/OL]. https://www.zEB/OLra.com/content/dam/zEB/OLra_new_ia/en-us/solutions-verticals/vertical-solutions/retail/white-paper/zEB/OLra-2015-shopper-study-white-paper-en.pdf.

ZHANG J, 2014. Consumer' Loyalty Forming Mechanism of O2O E-Commerce [J]. International Journal of Business and Social Science, 5 (1): 164-169.

ZUBCSEK P P, KATONA Z, SARVARY M, 2017. Predicting Mobile Advertising Response Using Consumer [J]. Journal of Marketing. 81 (4): 109-126.

附　录

附录 1　定理 3.1 的证明

证明：对任意给定的团购优惠券价格折扣率 α，顾客对团购优惠券的易用感知程度 ξ 与 α 的大小关系可能出现以下三种情况：

情况（1）：$\xi \leqslant \alpha$。此时在知情顾客中，只有 $v \geqslant p$ 的顾客才会购买商品且因对团购优惠券的易用感知程度过低而选择门店消费；另一方面，所有的不知情顾客也会因为严格的兑换条件对团购优惠券望而却步，进而选择门店消费。与统一定价策略相比，零售企业采用单阶段团购策略得到的利润增量如式（3-2）。

情况（2）：$\alpha < \xi \leqslant \dfrac{\theta - p + \alpha p}{\theta}$。若零售企业通过严格的兑换条件将顾客对团购优惠券的易用感知程度降至过低水平，虽然能够成功阻碍所有顾客选择购买团购优惠券，但是却失去了对商品估值较低（即 $v < p$）的知情顾客。因此我们在该情况中考虑零售企业在一定程度上对团购优惠券设定较为宽松的兑换条件。那么部分知情顾客可能从门店消费转化为团购消费，也会出现部分知情顾客从不消费转化为团购消费。同时若 $\alpha < \xi \leqslant \dfrac{\theta - p + \alpha p}{\theta}$，所有的不知情顾客仍然无法接受团购优惠券的兑换限制条件，从而选择门店消费。基于统一定价策略下的利润水平，单阶段团购策略为零售企业带来的利润增量表示如下：

$$\Delta E\Pi_{\alpha < \xi \leqslant \frac{\theta-p+\alpha p}{\theta}} = E\Pi_{\alpha < \xi \leqslant \frac{\theta-p+\alpha p}{\theta}} - E\Pi(p)$$
$$= k\left((\alpha p - c)\left(G(p) - G\left(\frac{\alpha p}{\xi}\right)\right) - (p - \alpha p)\left(G\left(\frac{p - \alpha p}{1 - \xi}\right) - G(p)\right)\right)$$
$$+ (1 - k)(p - c)(1 + \delta \bar{G}(p)) \quad\quad\quad (A-1)$$

因为顾客对商品的估值 v 服从以 θ 为均值的某均匀分布，可设 v 的累积分布函数为 $G(x) = \dfrac{x - \rho\theta}{(2 - 2\rho)\theta}$，其中 $0 \leqslant \rho < 1$。易证明 $(\alpha p - c)\left(G(p) - G\left(\dfrac{\alpha p}{\xi}\right)\right) - $

$(p-\alpha p)\left(G\left(\dfrac{p-\alpha p}{1-\xi}\right)-G(p)\right)<0$ 成立。那么可得当 $\alpha<\xi\leqslant\dfrac{\theta-p+\alpha p}{\theta}$ 时，零售企业的利润改变量低于情况（1）中的利润改变量。

情况（3）：$\dfrac{\theta-p+\alpha p}{\theta}<\xi\leqslant 1$。在该情况下，因为顾客对团购优惠券的易用感知程度较高，以至于所有的不知情顾客都偏好于购买团购优惠券。与情况（2）的分析步骤相同，我们可得零售企业通过单阶段团购优惠券营销得到的利润增量为（以统一定价策略下的利润水平为基准）：

$$\Delta E\Pi_{\frac{\theta-p^*+\alpha p^*}{\theta}<\xi\leqslant 1} = E\Pi_{\frac{\theta-p^*+\alpha p^*}{\theta}<\xi\leqslant 1} - E\Pi(p^*)$$
$$= k\left((\alpha p^*-c)\left(G(p^*)-G\left(\dfrac{\alpha p^*}{\xi}\right)\right)-(p^*-\alpha p^*)\left(G\left(\dfrac{p^*-\alpha p^*}{1-\xi}\right)-G(p^*)\right)\right)$$
$$+(1-k)((\alpha p^*-c)+\delta(p^*-c)\bar{G}(p^*)) \tag{A-2}$$

显然 $\Delta E\Pi_{\frac{\theta-p^*+\alpha p^*}{\theta}<\xi\leqslant 1} \leqslant \Delta E\Pi_{\alpha<\xi\leqslant\frac{\theta-p+\alpha p}{\theta}}$。即零售企业在情况（3）中得到的利润增量不会超过其在情况（2）中的利润增量。综上所述，零售企业在情况（1）中得到的利润增量最大。那么设定团购优惠券的价格折扣率 α 和顾客对团购优惠券的易用感知程度 ξ 满足 $\xi\leqslant\alpha$ 是最优的团购优惠券设计。证毕。

附录2 定理3.2的证明

证明：当不知情顾客为低估值类型时，不知情顾客不愿意选择门店消费。零售企业首先需通过设计团购优惠券的价格折扣率满足 $0<\alpha\leqslant\dfrac{\theta\xi}{p}$ 以使得不知情顾客选择购买团购优惠券所得期望效用 $EU_{GB}^{Inf}=\theta\xi-\alpha p$ 非负，从而确保不知情顾客愿意接受团购优惠券。然而具有较低价格折扣率（$0<\alpha\leqslant\dfrac{\theta\xi}{p}$）的团购优惠券无法避免知情顾客享受该福利。每位知情顾客在第一阶段都会比较通过门店消费和团购消费得到的消费者效用之后才会做出购买决策。可得知情顾客的团购消费需求为 $k\left(G\left(\dfrac{p-\alpha p}{1-\xi}\right)-G\left(\dfrac{\alpha p}{\xi}\right)\right)$，知情顾客的门店消费需求为 $k\bar{G}\left(\dfrac{p-\alpha p}{1-\xi}\right)$。以统一定价策略下的利润水平为基准，单阶段团购优惠券营销对零售企业带来的利润增量为：

$$\Delta E\Pi_{\theta<p} = E\Pi_{\theta<p} - E\Pi(p) = k\left((\alpha p-c)\left(G(p)-G\left(\dfrac{\alpha p}{\xi}\right)\right)\right.$$

$$-(p-\alpha p)\left(G\left(\frac{p-\alpha p}{1-\xi}\right)-G(p)\right)\right)+(1-k)\left((\alpha p-c)+\delta(p-c)\bar{G}(p)\right)$$
(A-3)

为了得到最优的团购优惠券设计，零售需要求解优化问题（A-4）：

$$\max_{\alpha,\xi}\Delta E\Pi_{\theta<p},\text{s.t.}\begin{cases}0<\alpha\leqslant\dfrac{\theta\xi}{p}\\0<\xi\leqslant 1\end{cases}$$
(A-4)

根据如下步骤求解（A-4）：

步骤1，证明 $\dfrac{\partial\Delta E\Pi_{\theta<p}}{\partial\alpha}\geqslant 0$ 恒成立。然后将 $\alpha^*=\dfrac{\theta\xi}{p}$ 代入优化问题（A-4）的目标函数。

$$\frac{\partial\Delta E\Pi_{\theta<p}}{\partial\alpha}=\frac{kpc}{\xi}G'\left(\frac{\alpha p}{\xi}\right)+k\left(p\left(G(p)-G\left(\frac{\alpha p}{\xi}\right)\right)-\frac{\alpha p^2}{\xi}G'\left(\frac{\alpha p}{\xi}\right)\right.$$
$$+p\left(G\left(\frac{p-\alpha p}{1-\xi}\right)-G(p)\right)+\frac{(p-\alpha p)p}{1-\xi}G'\left(\frac{p-\alpha p}{1-\xi}\right)\right)+(1-k)p$$
$$\geqslant k\left(p\left(G(p)-G\left(\frac{\alpha p}{\xi}\right)\right)-\frac{\alpha p^2}{\xi}G'\left(\frac{\alpha p}{\xi}\right)+p\left(G\left(\frac{p-\alpha p}{1-\xi}\right)-G(p)\right)\right.$$
$$+\frac{(p-\alpha p)p}{1-\xi}G'\left(\frac{p-\alpha p}{1-\xi}\right)\right)+(1-k)p\geqslant\frac{p^2k\alpha}{\xi(\xi-1)}G'\left(\frac{\alpha p}{\xi}\right)$$
$$-\frac{p\left((k-1)\xi^2+\left(G'\left(\frac{\alpha p}{\xi}\right)-k+1\right)\xi\right)}{\xi(\xi-1)}$$

…因为 $G'\left(\dfrac{\alpha p}{\xi}\right)$ 和 $G'\left(\dfrac{p-\alpha p}{1-\xi}\right)$ 等于同一非负常数，且 $G\left(\dfrac{\alpha p}{\xi}\right)<G\left(\dfrac{p-\alpha p}{1-\xi}\right)$

$$\geqslant\frac{p^2k\frac{\theta\xi}{p}}{\xi(\xi-1)}G'\left(\frac{\alpha p}{\xi}\right)-\frac{p\left((k-1)\xi^2+\left(G'\left(\frac{\alpha p}{\xi}\right)-k+1\right)\xi\right)}{\xi(\xi-1)}$$

…因为 $\alpha\leqslant\dfrac{\theta\xi}{p}$

$$=\frac{p\left(G'\left(\frac{\alpha p}{\xi}\right)k(p-\theta)+(1-k)(1-\xi)\right)}{1-\xi}\geqslant 0$$

步骤2，将 $\alpha^*=\dfrac{\theta\xi}{p}$ 代入优化问题（A-4）中的目标函数后，可得

$$\frac{\partial^2 \Delta E\Pi_{\theta<p}^{(\xi,\alpha^*)}}{\partial \xi^2} = -\frac{2G'\left(\frac{p-\theta\xi}{1-\xi}\right)(1-\xi)k(p-\theta)^2}{(1-\xi)^4}, 即 \frac{\partial^2 \Delta E\Pi_{\theta<p}^{(\xi,\alpha^*)}}{\partial \xi^2} < 0$$

恒成立。

可根据 $\frac{\partial \Delta E\Pi_{\theta<p}^{(\xi,\alpha^*)}}{\partial \xi} = 0$ 求得 ξ^*。即 $\xi^* = R^{-1}(0)$，其中 $R(\xi) = \theta(1-\xi)^2\left(1-k-kG(\theta)+kG\left(\frac{p-\theta\xi}{1-\xi}\right)\right) - k(p-\theta)(p-\theta\xi)G'\left(\frac{p-\theta\xi}{1-\xi}\right)$。

步骤 3，检验 ξ^* 的值是否介于 0 和 1 之间。容易验证 $\xi^* < 1$ 恒成立。通过简单计算可得存在阈值 $\widehat{k} = \frac{\theta^2}{p\theta(p-\theta)G'(p)+\theta^2(-G(p)+G(\theta)+1)}$，使得 (1) $k < \widehat{k}$ 时，$\xi^* > 0$；(2) 当 $k \geq \widehat{k}$ 时，$\xi^* \leq 0$，则此时 $\alpha^* = \frac{\theta\xi^*}{p} \leq 0$。故 $k \geq \widehat{k}$ 时，最优团购优惠券设计方案不存在，零售企业不应选择采用团购优惠券营销。

附录 3 定理 3.3 的证明

证明：当 $\theta < p$ 时，由单阶段团购优惠券营销引起的零售企业利润增量如附录 2 中（A-3）所示。由双阶段团购优惠券营销引起的零售企业利润改变量如下：

$$\Delta E\Pi_{\theta<p}^{Double} = E\Pi_{\theta<p}^{Double} - E\Pi(p) = \left(k\left((\alpha^*p-c)\left(G\left(\frac{p-\alpha^*p}{1-\xi}\right)-G\left(\frac{\alpha^*p}{\xi}\right)\right)\right.\right.$$
$$\left.+(p-c)\left(\bar{G}\left(\frac{p-\alpha^*p}{1-\xi}\right)-\bar{G}(p)\right)\right)+(1-k)(\alpha^*p-c)\right)+\delta((\alpha^*p-c)$$
$$\left(G\left(\frac{p-\alpha^*p}{1-\xi}\right)-G\left(\frac{\alpha p}{\xi}\right)\right)+(p-c)\bar{G}\left(\frac{p-\alpha^*p}{1-\xi}\right)-k(p-c)\bar{G}(p)\right)$$

$$(A-5)$$

为了便于比较 $\Delta E\Pi_{\theta<p}$ 和 $\Delta E\Pi_{\theta<p}^{Double}$ 的大小关系，我们将（A-3、A-5）分别等价变形为如下形式：

$$\Delta E\Pi_{\theta<p} = (\alpha^*p-c)\left(k\left(G\left(\frac{p-\alpha^*p}{1-\xi}\right)-G\left(\frac{\alpha p}{\xi}\right)\right)+(1-k)\right)$$
$$+(p-c)\left(k\left(G(p)-G\left(\frac{p-\alpha^*p}{1-\xi}\right)\right)+\delta(1-k)\bar{G}(p)\right) \quad (A-6)$$

$$\Delta E\Pi_{\theta<p}^{\text{Double}} = (\alpha^* p - c)\left(k\left(G\left(\frac{p-\alpha^* p}{1-\xi}\right) - G\left(\frac{\alpha^* p}{\xi}\right)\right) + (1-k)\right.$$

$$\left. + \delta\left(G\left(\frac{p-\alpha^* p}{1-\xi}\right) - G\left(\frac{\alpha^* p}{\xi}\right)\right)\right) + (p-c)\left(k\left(G(p) - G\left(\frac{p-\alpha^* p}{1-\xi}\right)\right)\right.$$

$$\left. + \delta \bar{G}\left(\frac{p-\alpha^* p}{1-\xi}\right) - \delta k \bar{G}(p)\right) \tag{A-7}$$

(1) 如果 $\dfrac{\alpha^* p - c}{p - c} \geqslant -\dfrac{\left(k\left(G(p) - G\left(\frac{p-\alpha^* p}{1-\xi}\right)\right) + \delta(1-k)\bar{G}(p)\right)}{\left(k\left(G\left(\frac{p-\alpha^* p}{1-\xi}\right) - G\left(\frac{\alpha^* p}{\xi}\right)\right) + (1-k)\right)}$,

则 $\Delta E\Pi_{\theta<p} \geqslant 0$。可将该条件整理变形为

$$\frac{p-\alpha^* p}{p-c} \leqslant \frac{\left(k\left(G(p) - G\left(\frac{\alpha^* p}{\xi^*}\right)\right) + (1-k)(1+\delta\bar{G}(p))\right)}{\left(k\left(G\left(\frac{p-\alpha^* p}{1-\xi}\right) - G\left(\frac{\alpha^* p}{\xi}\right)\right) + (1-k)\right)}。$$

若分别记

$$d_{A1}^S = k\left(G(p) - G\left(\frac{\alpha^* p}{\xi^*}\right)\right) + (1-k), \quad d_{A2}^S = (1-k)\bar{G}(p)$$

以及 $d_T^S = k\left(G\left(\frac{p-\alpha^* p}{1-\xi^*}\right) - G\left(\frac{\alpha^* p}{\xi^*}\right)\right) + (1-k)$,

则单阶段团购优惠券营销可以为零售企业取得正的利润增量的条件可表示为

$$\frac{p-\alpha^* p}{p-c} \leqslant \frac{(d_{A1}^S + \delta d_{A2}^S)}{d_T^S} = r_2。$$

(2) 如果 $\dfrac{\alpha^* p - c}{p - c} \geqslant$

$$-\frac{\left(k\left(G(p) - G\left(\frac{p-\alpha^* p}{1-\xi}\right)\right) + \delta \bar{G}\left(\frac{p-\alpha^* p}{1-\xi}\right) - \delta k \bar{G}(p)\right)}{\left(k\left(G\left(\frac{p-\alpha^* p}{1-\xi}\right) - G\left(\frac{\alpha^* p}{\xi}\right)\right) + (1-k) + \delta\left(G\left(\frac{p-\alpha^* p}{1-\xi}\right) - G\left(\frac{\alpha^* p}{\xi}\right)\right)\right)},$$

则 $\Delta E\Pi_{\theta<p}^{\text{Double}} \geqslant 0$。可将该条件整理变形为 $\dfrac{p-\alpha^* p}{p-c}$

$$\leqslant \frac{\left(k\left(G(p) - G\left(\frac{\alpha^* p}{\xi}\right)\right) + (1-k)(1+\delta\bar{G}(p)) + \delta\left(G(p) - G\left(\frac{\alpha^* p}{\xi^*}\right)\right)\right)}{\left(k\left(G\left(\frac{p-\alpha^* p}{1-\xi}\right) - G\left(\frac{\alpha^* p}{\xi}\right)\right) + (1-k) + \delta\left(G\left(\frac{p-\alpha^* p}{1-\xi^*}\right) - G\left(\frac{\alpha^* p}{\xi^*}\right)\right)\right)}。$$

若分别记 $d_{A2}^D = \left(G(p) - G\left(\frac{\alpha^* p}{\xi^*}\right)\right)$ 和 $d_{T2}^D = \left(G\left(\frac{p-\alpha^* p}{1-\xi^*}\right) - G\left(\frac{\alpha^* p}{\xi^*}\right)\right)$,则双

阶段团购优惠券营销可以为零售企业取得正的利润改变量的条件可表示为
$\frac{p-\alpha^* p}{p-c} \leqslant \frac{(d_{A1}^S + \delta d_{A2}^S + \delta d_{A2}^D)}{(d_T^S + \delta d_{A2}^D)} = r_1$。

（3）进一步可证明，如果 $\frac{\alpha^* p - c}{p - c} \geqslant -\frac{\delta \left(G(p) - G\left(\frac{p-\alpha^* p}{1-\xi^*}\right)\right)}{\delta \left(G\left(\frac{p-\alpha^* p}{1-\xi^*}\right) - G\left(\frac{\alpha^* p}{\xi^*}\right)\right)}$，

则有 $\Delta E\Pi_{\theta<p}^{\text{Double}} \geqslant \Delta E\Pi_{\theta<p}$。该条件可整理变形为

$\frac{p-\alpha^* p}{p-c} \leqslant \frac{\delta \left(G(p) - G\left(\frac{\alpha^* p}{\xi^*}\right)\right)}{\delta \left(G\left(\frac{p-\alpha^* p}{1-\xi^*}\right) - G\left(\frac{\alpha^* p}{\xi^*}\right)\right)}$。那么双阶段团购优惠券营销比单阶段

团购优惠券营销取得更多利润增量的条件可表示为 $\frac{p-\alpha^* p}{p-c} \leqslant \frac{d_{A2}^D}{d_{T2}^D} = r_0$。

此外，容易计算

$r_2 - r_0 = \frac{d_{A1}^S + \delta d_{A2}^S}{d_T^S} - \frac{d_{A2}^D}{d_{T2}^D} = \frac{d_{A1}^S d_{T2}^D + \delta d_{A2}^S d_{T2}^D - d_T^S d_{A2}^D}{d_T^S d_{T2}^D}$

$r_2 - r_1 = \frac{d_{A1}^S + \delta d_{A2}^S}{d_T^S} - \frac{d_{A1}^S + \delta d_{A2}^S + \delta d_{A2}^D}{d_T^S + \delta d_{A2}^D}$

$= \frac{\delta (d_{A1}^S d_{T2}^D + \delta d_{A2}^S d_{T2}^D - d_T^S d_{A2}^D)}{d_T^S (d_T^S + \delta d_{A2}^D)}$

$r_1 - r_0 = \frac{d_{A1}^S + \delta d_{A2}^S + \delta d_{A2}^D}{d_T^S + \delta d_{A2}^D} - \frac{d_{A2}^D}{d_{T2}^D} = \frac{d_{A1}^S d_{T2}^D + \delta d_{A2}^S d_{T2}^D - d_T^S d_{A2}^D}{(d_T^S + \delta d_{A2}^D) d_{T2}^D}$

又因为 $G\left(\frac{\alpha^* p}{\xi^*}\right) < G(\theta) \leqslant G(p) < G\left(\frac{p-\alpha^* p}{1-\xi^*}\right)$，故可得 $d_T^D > 0$，$d_T^S > 0$

以及 $d_{A1}^S d_{T2}^D + \delta d_{A2}^S d_{T2}^D - d_T^S d_{A2}^D = (1-k)\left(\delta(1-G(p))\left(G\left(\frac{p-\alpha^* p}{1-\xi^*}\right)\right.\right.$

$\left.\left. -G\left(\frac{\alpha^* p}{\xi^*}\right)\right) + \left(G\left(\frac{p-\alpha^* p}{1-\xi^*}\right) - G(p)\right)\right) \geqslant 0$。

所以 r_1，r_2 以及 r_0 三者之间的大小关系为 $0 < r_0 \leqslant r_1 \leqslant r_2$。证毕。

附录4 定理3.4的证明

证明：以零售企业在统一定价下的利润水平为基准，当 $\theta < p$ 时，由单阶段团购优惠券营销引起的零售企业利润改变量如（A-8）所示，由双阶段团购优惠券营销引起的零售企业利润改变量如（A-9）所示：

$$\Delta E\Pi_{\theta<p} = E\Pi_{\theta<p} - E\Pi(p) = k\left((\alpha^*p - c)\int_{\alpha^*}^{1}\left(G\left(\frac{p-\alpha^*p}{1-\xi}\right) - G\left(\frac{\alpha^*p}{\xi}\right)\right)\right.$$
$$\left. \cdot f(\xi)\mathrm{d}\xi + (p-c)\left(G(p) \cdot (1-F(\alpha^*)) - \int_{\alpha^*}^{1}G\left(\frac{p-\alpha^*p}{1-\xi}\right) \cdot f(\xi)\mathrm{d}\xi\right)\right)$$
$$+ (1-k)\left((\alpha^*p - c)\left(1-F\left(\frac{\alpha^*p}{\theta}\right)\right) + \delta(p-c)\left(1-F\left(\frac{\alpha^*p}{\theta}\right)\right)(1-G(p))\right)$$
$$\tag{A-8}$$

$$\Delta E\Pi_{\theta<p}^{\text{Double}} = E\Pi_{\theta<p}^{\text{Double}} - E\Pi(p) = k\left((\alpha^*p - c)\int_{\alpha^*}^{1}\left(G\left(\frac{p-\alpha^*p}{1-\xi}\right) - G\left(\frac{\alpha^*p}{\xi}\right)\right)\right.$$
$$\left. \cdot f(\xi)\mathrm{d}\xi + (p-c)\left(G(p) \cdot (1-F(\alpha^*)) - \int_{\alpha^*}^{1}G\left(\frac{p-\alpha^*p}{1-\xi}\right) \cdot f(\xi)\mathrm{d}\xi\right)\right)$$
$$+ (1-k)\left((\alpha^*p - c)\left(1-F\left(\frac{\alpha^*p}{\theta}\right)\right)\right) + \delta\left(k + (1-k)\left(1-F\left(\frac{\alpha^*p}{\theta}\right)\right)\right)$$
$$\left((\alpha^*p - c)\int_{\alpha^*}^{1}\left(G\left(\frac{p-\alpha^*p}{1-\xi}\right) - G\left(\frac{\alpha^*p}{\xi}\right)\right) \cdot f(\xi)\mathrm{d}\xi + (p-c)\right.$$
$$\left(1-G(p) \cdot F(\alpha^*) - \int_{\alpha^*}^{1}G\left(\frac{p-\alpha^*p}{1-\xi}\right) \cdot f(\xi)\mathrm{d}\xi\right)\right) - \delta(p-c)k(1-G(p))$$
$$\tag{A-9}$$

为了便于比较 $\Delta E\Pi_{\theta<p}$ 与 $\Delta E\Pi_{\theta<p}^{\text{Double}}$ 的大小关系，将（A-8、A-9）等价变换为如下形式：

$$\Delta E\Pi_{\theta<p} = (\alpha^*p - c)\left(k\int_{\alpha^*}^{1}\left(G\left(\frac{p-\alpha^*p}{1-\xi}\right) - G\left(\frac{\alpha^*p}{\xi}\right)\right) \cdot f(\xi)\mathrm{d}\xi\right.$$
$$\left. + (1-k)\bar{F}\left(\frac{\alpha^*p}{\theta}\right)\right) + (p-c)\left(k\left(\bar{F}(\alpha^*)G(p) - \int_{\alpha^*}^{1}G\left(\frac{p-\alpha^*p}{1-\xi}\right)\right.\right.$$
$$\left.\left. \cdot f(\xi)\mathrm{d}\xi\right) + \delta(1-k)\bar{F}\left(\frac{\alpha^*p}{\theta}\right)\bar{G}(p)\right) \tag{A-10}$$

$$\Delta E\Pi_{\theta<p}^{\text{Double}} = (\alpha^*p - c)\left(k\int_{\alpha^*}^{1}\left(G\left(\frac{p-\alpha^*p}{1-\xi}\right) - G\left(\frac{\alpha^*p}{\xi}\right)\right) \cdot f(\xi)\mathrm{d}\xi\right.$$
$$\left. + (1-k)\bar{F}\left(\frac{\alpha^*p}{\theta}\right) + \delta\left(k + (1-k)\bar{F}\left(\frac{\alpha^*p}{\theta}\right)\right)\int_{\alpha^*}^{1}\left(G\left(\frac{p-\alpha^*p}{1-\xi}\right)\right.\right.$$
$$\left.\left. - G\left(\frac{p-\alpha^*p}{1-\xi}\frac{p-\alpha^*p}{1-\varepsilon}\right)\right) \cdot f(\xi)\mathrm{d}\xi\right) + (p-c)(k(\bar{F}(\alpha^*)G(p) -$$
$$\int_{\alpha^*}^{1}G\left(\frac{p-\alpha^*p}{1-\xi}\right) \cdot f(\xi)\mathrm{d}\xi) + \delta\left(k + (1-k)\bar{F}\left(\frac{p-\alpha^*p}{1-\xi}\right)\right)(1-G(p)F(\alpha^*)$$
$$- \int_{\alpha^*}^{1}G\left(\frac{p-\alpha^*p}{1-\xi}\right) \cdot f(\xi)\mathrm{d}\xi\right) - \delta k\bar{G}(p)\right) \tag{A-11}$$

(1) 如果 $\dfrac{\alpha^* p - c}{p - c} \geqslant$

$$-\dfrac{\left(k\left(\bar{F}(\alpha^*)G(p) - \int_{\alpha^*}^{1} G\left(\dfrac{p - \alpha^* p}{1 - \xi}\right) \cdot f(\xi)\mathrm{d}\xi\right) + \delta(1-k)\bar{F}\left(\dfrac{\alpha^* p}{\theta}\right)\bar{G}(p)\right)}{\left(k\int_{\alpha^*}^{1}\left(G\left(\dfrac{p - \alpha^* p}{1 - \xi}\right) - G\left(\dfrac{p - \alpha^* p}{1 - \xi}\right)\right) \cdot f(\xi)\mathrm{d}\xi + (1-k)\bar{F}\left(\dfrac{\alpha^* p}{\theta}\right)\right)},$$

则 $\Delta E\Pi_{\theta<p} \geqslant 0$。可将该条件整理变形为

$$\dfrac{p - \alpha^* p}{p - c} \leqslant$$

$$\dfrac{\left(k\left(\bar{F}(\alpha^*)G(p) - \int_{\alpha^*}^{1} G\left(\dfrac{\alpha^* p}{\xi}\right) \cdot f(\xi)\mathrm{d}\xi\right) + (1-k)\bar{F}\left(\dfrac{\alpha^* p}{\theta}\right)(1 + \delta\bar{G}(p))\right)}{\left(k\int_{\alpha^*}^{1}\left(G\left(\dfrac{p - \alpha^* p}{1 - \xi}\right) - G\left(\dfrac{\alpha^* p}{\xi}\right)\right) \cdot f(\xi)\mathrm{d}\xi + (1-k)\bar{F}\left(\dfrac{\alpha^* p}{\theta}\right)\right)}。$$

若分别记

$$d_{A1}^{S} = k\left(G(p) \cdot (1 - F(\alpha^*)) - \int_{\alpha^*}^{1} G\left(\dfrac{\alpha^* p}{\xi}\right) \cdot f(\xi)\mathrm{d}\xi\right) + (1-k)\left(1 - F\left(\dfrac{\alpha^* p}{\theta}\right)\right)$$

$$d_{A2}^{S} = (1-k)\left(1 - F\left(\dfrac{\alpha^* p}{\theta}\right)\right)(1 - G(p))$$

$$d_{T}^{S} = k\int_{\alpha^*}^{1}\left(G\left(\dfrac{p - \alpha^* p}{1 - \xi}\right) - G\left(\dfrac{\alpha^* p}{\xi}\right)\right) \cdot f(\xi)\mathrm{d}\xi + (1-k)\left(1 - F\left(\dfrac{\alpha^* p}{\theta}\right)\right)$$

则单阶段团购优惠券营销可以为零售企业取得正的利润改变量的条件可表示为 $\dfrac{p - \alpha^* p}{p - c} \leqslant \dfrac{d_{A1}^{S} + \delta d_{A2}^{S}}{d_{T}^{S}} = r_2$。

(2) 如果 $\dfrac{\alpha^* p - c}{p-c} \geq$

$$\dfrac{\left(k\left(\bar{F}(\alpha^*)G(p) - \int_{a^*}^{1}G\left(\dfrac{p-\alpha^* p}{1-\xi}\right) - G\left(\dfrac{\alpha^* p}{\xi}\right)\right) \cdot f(\xi)\mathrm{d}\xi\right) + \delta\left(k + (1-k)\bar{F}\left(\dfrac{\alpha^* p}{\theta}\right)\right)(1 - G(p))\bar{F}(\alpha^*) - \delta k \bar{G}(p)}{\left(k\int_{a^*}^{1}\left(G\left(\dfrac{p-\alpha^* p}{1-\xi}\right) - G\left(\dfrac{\alpha^* p}{\xi}\right)\right) \cdot f(\xi)\mathrm{d}\xi + (1-k)\bar{F}\left(\dfrac{\alpha^* p}{\theta}\right)\right)\int_{a^*}^{1}\left(G\left(\dfrac{p-\alpha^* p}{1-\xi}\right) - G\left(\dfrac{\alpha^* p}{\xi}\right)\right) \cdot f(\xi)\mathrm{d}\xi}$$

则 $\Delta E\Pi_{\theta<p}^{\text{Double}} \geq 0$。可将该条件整理变形为

$\dfrac{p-\alpha^* p}{p-c} \leq$

$$\dfrac{k\left(\bar{F}(\alpha^*)G(p) - \int_{a^*}^{1}G\left(\dfrac{p-\alpha^* p}{1-\xi}\right) - G\left(\dfrac{\alpha^* p}{\xi}\right)\right) \cdot f(\xi)\mathrm{d}\xi + (1-k)\bar{F}\left(\dfrac{\alpha^* p}{\theta}\right)(1 + \delta\bar{G}(p)) + \delta(k + (1-k)\bar{F}\left(\dfrac{\alpha^* p}{\theta}\right))(G(p)\bar{F}(\alpha^*) - \int_{a^*}^{1}G\left(\dfrac{\alpha^* p}{\xi}\right) \cdot f(\xi)\mathrm{d}\xi}{k\int_{a^*}^{1}\left(G\left(\dfrac{p-\alpha^* p}{1-\xi}\right) - G\left(\dfrac{\alpha^* p}{\xi}\right)\right) \cdot f(\xi)\mathrm{d}\xi + (1-k)\bar{F}\left(\dfrac{\alpha^* p}{\theta}\right)\left(G(p)\bar{F}(\alpha^*) - \int_{a^*}^{1}G\left(\dfrac{\alpha^* p}{\xi}\right) - G\left(\dfrac{\alpha^* p}{\xi}\right) \cdot f(\xi)\mathrm{d}\xi\right)},$$

若分别记 $d_{T2}^{D} = \left(k + (1-k)\bar{F}\left(\dfrac{\alpha^* p}{\theta}\right)\right)(G(p)\bar{F}(\alpha^*) - \int_{a^*}^{1}G\left(\dfrac{\alpha^* p}{\xi}\right) \cdot f(\xi)\mathrm{d}\xi)$

和 $d_{T2}^{D} = \left(k + (1-k)\bar{F}\left(\dfrac{\alpha^* p}{\theta}\right)\right)\int_{a^*}^{1}\left(G\left(\dfrac{p-\alpha^* p}{1-\xi}\right) - G\left(\dfrac{\alpha^* p}{\xi}\right)\right) \cdot f(\xi)\mathrm{d}\xi,$

则双阶段团购优惠券营销可以为零售企业取得正的利润改变量的条件可表示为

$$\dfrac{p-\alpha^* p}{p-c} \leq \dfrac{d_{A1}^{S} + \delta d_{A2}^{S} + \delta d_{A2}^{D}}{d_{T}^{S} + \delta d_{A2}^{D}} = r_1。$$

(3) 进一步可证明，如果

$$\frac{\alpha^* p - c}{p - c} \geqslant -\frac{\delta\left(k + (1-k)\bar{F}\left(\frac{\alpha^* p}{\theta}\right)\right)\left(G(p)\bar{F}(\alpha^*) - \int_{\alpha^*}^{1} G\left(\frac{p - \alpha^* p}{1 - \xi}\right) \cdot f(\xi)\mathrm{d}\xi\right)}{\delta\left(k + (1-k)\bar{F}\left(\frac{\alpha^* p}{\theta}\right)\right)\int_{\alpha^*}^{1}\left(G\left(\frac{p - \alpha^* p}{1 - \xi}\right) - G\left(\frac{\alpha^* p}{\xi}\right)\right) \cdot f(\xi)\mathrm{d}\xi},$$

则有 $\Delta E\Pi_{\theta<p}^{\text{Double}} \geqslant \Delta E\Pi_{\theta<p}$。该条件可整理变形为 $\frac{p - \alpha^* p}{p - c} \leqslant$

$$\frac{\delta\left(k + (1-k)\bar{F}\left(\frac{\alpha^* p}{\theta}\right)\right)\left(G(p)\bar{F}(\alpha^*) - \int_{\alpha^*}^{1} G\left(\frac{\alpha^* p}{\xi}\right) \cdot f(\xi)\mathrm{d}\xi\right)}{\delta\left(k + (1-k)\bar{F}\left(\frac{\alpha^* p}{\theta}\right)\right)\int_{\alpha^*}^{1}\left(G\left(\frac{p - \alpha^* p}{1 - \xi}\right) - G\left(\frac{\alpha^* p}{\xi}\right)\right) \cdot f(\xi)\mathrm{d}\xi}。$$

那么双阶段团购优惠券营销比单阶段团购优惠券营销取得更多利润改变量的条件可表示为

$$\frac{p - \alpha^* p}{p - c} \leqslant \frac{d_{A2}^{D}}{d_{T2}^{D}} = r_0$$

与定理 3.3 中的证明步骤类似，也可得 r_1，r_2 以及 r_0 三者之间的大小关系为 $0 < r_0 \leqslant r_1 \leqslant r_2$。证毕。

附录5 定理 4.1 的证明

证明：先对 4.3.1 节中的优化问题（4-3a、4-3b）建立拉格朗日函数：

$$L(p_{At}, p_{Am}, p_{Ar}, \lambda, \theta, \varphi) = \Delta E\Pi_A + \lambda\left(\frac{1}{2}v - p_{At}\right) + \theta(p_{Am} + p_{Bm} - 2v - 2t)$$
$$+ \varphi(p_{At} - p_{Am}) \quad \text{(A-12)}$$

$$L(p_{Bt}, p_{Bm}, p_{Br}, \mu, \xi, \rho) = \Delta E\Pi_B + \mu\left(\frac{1}{2}v - p_{Bt}\right) + \xi(p_{Bm} + p_{Am} - 2v + 2t)$$
$$+ \rho(p_{Bt} - p_{Bm}) \quad \text{(A-13)}$$

其中参数 λ、θ、φ、μ、ξ 和 ρ 均为拉格朗日乘子。λ 对应决策变量 p_{At} 的约束条件，θ 和 φ 对应决策变量 p_{Am} 的约束条件。同理，拉格朗日乘子 μ 对应决策变量 p_{Bt} 的约束条件，ξ 和 ρ 对应决策变量 p_{Bm} 的约束条件。

根据拉格朗日乘子的值以及 KKT 条件，可得 $\lambda > 0$，$\mu > 0$，$\theta > 0$，以及 $\xi > 0$ 恒成立，其余乘子皆等于 0。则各正值乘子对应约束条件起作用，零值乘子对应约束条件不起作用。可得 $p_{At}^{*} = p_{Bt}^{*} = \frac{1}{2}v$，$p_{Am}^{*} = p_{Bm}^{*} = v - t$。

附录6　定理4.2的证明

证明：先对4.3.2节中的优化问题（4-5a、4-5b）建立拉格朗日函数：

$$L(p_{At}, p_{Am}, p_{Ar}, \lambda, \theta, \zeta, \varphi) = \Delta E\Pi_A + \lambda\left(\frac{1}{2}v - p_{At}\right) + \theta(p_{Am} + p_{Bm} - 2v + 2t)$$
$$+ \zeta(2t - v + p_{Br} - p_{Am}) + \varphi(v + p_{Bt} - 2t - p_{Ar}) \quad (A-14)$$

$$L(p_{Bt}, p_{Bm}, p_{Br}, \mu, \xi, \eta, \delta) = \Delta E\Pi_B + \mu\left(\frac{1}{2}v - p_{Bt}\right) + \xi(p_{Bm} + p_{Am} - 2v + 2t)$$
$$+ \eta(2t - v + p_{Ar} - p_{Bm}) + \delta(v + p_{At} - 2t - p_{Br}) \quad (A-15)$$

其中参数 λ，θ，ζ，φ，μ，ξ，η，δ 均为拉格朗日乘子。λ 和 φ 分别对应决策变量 p_{At} 和 p_{Ar} 的约束条件，θ 和 ζ 对应决策变量 p_{Am} 的约束条件。同理，拉格朗日乘子 μ 和 δ 分别对应决策变量 p_{Bt} 和 p_{Br} 的约束条件，ξ 和 η 对应决策变量 p_{Bm} 的约束条件。

根据拉格朗日乘子的值以及KKT条件，

（1）$\frac{1}{2}v < t \leqslant \frac{7}{12}v$ 时，有 $\lambda > 0$，$\mu > 0$，$\theta > 0$，$\xi > 0$，$\varphi > 0$ 和 $\delta > 0$ 成立，其余乘子值为0。则各正值乘子对应约束条件起作用，零值乘子对应约束条件不起作用。可得 $p_{At}^* = p_{Bt}^* = \frac{1}{2}v$，$p_{Am}^* = p_{Bm}^* = v - t$ 以及 $p_{Ar}^* = p_{Br}^* = \frac{3}{2}v - 2t$。在该情况下，折扣价格 $p_{Ar}^* = p_{Br}^* = \frac{3}{2}v - 2t$ 不仅无法成功偷猎对手领地内的顾客，也不足以吸引中间区域顾客发生摘樱桃行为，所以毫无用处。那么企业应该选择保守型的定位决策。对应结果总结在表4-2的第一列中。

（2）$\frac{7}{12}v < t \leqslant \frac{3}{4}v$ 时，有 $\lambda > 0$，$\mu > 0$，$\varphi > 0$ 和 $\delta > 0$ 成立，其余乘子值为0。则各正值乘子对应约束条件起作用，零值乘子对应约束条件不起作用。可得 $p_{At}^* = p_{Bt}^* = \frac{1}{2}v$，$p_{Am}^* = p_{Bm}^* = \frac{9}{16}v - \frac{1}{4}t$ 以及 $p_{Ar}^* = p_{Br}^* = \frac{3}{2}v - 2t$。对应结果总结在表4-2的第二列中。

然后，计算出两种移动目标营销给企业来带的利润改变量。

（1）在"允许顾客摘樱桃"的移动目标营销下：

（i）$\frac{1}{2}v < t \leqslant \frac{7}{12}v$ 时，两企业的利润改变量为

$$\Delta E\Pi A_{CP1} = \Delta E\Pi B_{CP1} = \frac{(3v-4t)(2t-v)}{8t} \quad (A-16)$$

(ii) $\frac{7}{12}v < t \leqslant \frac{3}{4}v$ 时，两企业的利润改变量为

$$\Delta E\Pi A_{CP2} = \Delta E\Pi B_{CP2} = \frac{280tv - 208t^2 - 89v^2}{256t} \quad (A-17)$$

（2）在"限定顾客位置"的移动目标营销下：
两企业的利润改变量为

$$\Delta E\Pi A_{TD} = \Delta E\Pi B_{TD} = \frac{(v-t)(2t-v)}{4t} \quad (A-18)$$

很容易验证 $\Delta E\Pi i_{TD} \geqslant \Delta E\Pi i_{CPj}$（$i=A$，$B$，$j=1$，2）恒成立，证毕。

附录 7 定理 4.3 的证明

证明：先对 4.4.1 节中的优化问题（4-7a、4-7b）建立拉格朗日函数：

$$L(p_{At}, p_{Am}, p_{Ar}, \lambda, \theta, \Phi, \varphi) = \Delta E\Pi_A + \lambda\left(\frac{1}{2}v - p_{At}\right) + \theta(p_{Am} + p_{Bm} - 2v + 2t)$$
$$+ \Phi(p_{At} - p_{Am}) + \varphi(v + p_{Bt} - 2t - p_{Ar}) \quad (A-19)$$

$$L(p_{Bt}, p_{Bm}, p_{Br}, \mu, \xi, \rho, \delta) = \Delta E\Pi_B + \mu\left(\frac{1}{2}v - p_{Bt}\right) + \xi(p_{Bm} + p_{Am} - 2v + 2t)$$
$$+ \rho(p_{Bt} - p_{Bm}) + \delta(v + p_{At} - 2t - p_{Br}) \quad (A-20)$$

其中参数 λ，θ，Φ，φ，μ，ξ，ρ，δ 均为拉格朗日乘子。λ 和 φ 分别对应决策变量 p_{At} 和 p_{Ar} 的约束条件，θ 和 Φ 对应决策变量 p_{Am} 的约束条件。同理，拉格朗日乘子 μ 和 δ 分别对应决策变量 p_{Bt} 和 p_{Br} 的约束条件，ξ 和 ρ 对应决策变量 p_{Bm} 的约束条件。

根据拉格朗日乘子的值以及 KKT 条件，

（1）$\frac{1}{2}v < t \leqslant t_{Td}$ 时，有 $\lambda > 0$，$\mu > 0$ 和 $\varphi > 0$ 成立，其余乘子值为 0。则各正值乘子对应约束条件起作用，零值乘子对应约束条件不起作用。可得 $p_{At}{}^* = p_{Bt}{}^* = \frac{1}{2}v$，$p_{Am}{}^* = \frac{1}{2}v$，$p_{Bm}{}^* = \frac{1}{4} \cdot \frac{7v\lambda_A - 8t\lambda_A + v}{\lambda_A + 1}$ 以及 $p_{Ar}{}^* = p_{Br}{}^* = \frac{3}{4}v - t$。

（2）$t_{Td} < t \leqslant \frac{3}{4}v$ 时，有 $\lambda > 0$ 和 $\mu > 0$ 成立，其余乘子值为 0。则各正值

乘子对应约束条件起作用，零值乘子对应约束条件不起作用。可得 $p_{At}{}^* = p_{Bt}{}^* = \frac{1}{2}v$，$p_{Am}{}^* = \frac{1}{4} \cdot \frac{v\lambda_A - 8t + 7v}{\lambda_A + 1}$，$p_{Bm}{}^* = \frac{1}{4} \cdot \frac{7v\lambda_A - 8t\lambda_A + v}{\lambda_A + 1}$ 以及 $p_{Ar}{}^* = p_{Br}{}^* = \frac{3}{4}v - t$。以上讨论为企业 B 采取激进型定位决策下的均衡解，相关结果总结在表 4-3 的第一列中。

此外，我们还需讨论企业 B 采取保守型定位决策的情况。显然若是折扣价格 $p_{Ar} = p_{Br} = \frac{3}{2}v - 2t$ 成立，则 p_{ir} 在激进型定位决策中会失去作用，所以只需将 $p_{Ar} = p_{Br} = \frac{3}{2}v - 2t$ 代入激进型定位决策下的优化问题，所得结果则为保守型定位决策下的最优解。相应结果总结在表 4-3 的第二列中。

最后，将保守型定位决策和激进型定位决策给零售企业 B 带来的利润改变量分别记为 $\Delta E\Pi B_{PS}$ 和 $\Delta E\Pi B_{NPS}$，则两者之差可表示为

$$\Delta E\Pi B_{PS} - \Delta E\Pi B_{NPS} = \frac{(4t - 3v)(2v\lambda_A + 4t - 3v)}{64t} \quad (A-21)$$

（1）当 $\lambda_A \geqslant \frac{1}{2}$ 时，有 $2v\lambda_A + 4t - 3v \geqslant 0$，则 $\Delta E\Pi B_{PS} - \Delta E\Pi B_{NPS} \leqslant 0$ 成立。

（2）当 $\lambda_A < \frac{1}{2}$ 时，令 $t_0 = \frac{3}{4}v - \frac{1}{2}v\lambda_A$，若 $t \leqslant t_0$，则 $2v\lambda_A + 4t - 3v \leqslant 0$，那么 $\Delta E\Pi B_{PS} - \Delta E\Pi B_{NPS} \geqslant 0$ 成立；若 $t > t_0$，则 $2v\lambda_A + 4t - 3v > 0$，那么 $\Delta E\Pi B_{PS} - \Delta E\Pi B_{NPS} < 0$ 成立。证毕。

附录 8 定理 4.4 的证明

证明：先对 4.4.2 节中的优化问题（4-9a、4-9b）建立拉格朗日函数：

$$L(p_{At}, p_{Am}, p_{Ar}, \lambda, \theta, \zeta) = \Delta E\Pi_A + \lambda\left(\frac{1}{2}v - p_{At}\right) + \theta(p_{Am} + p_{Bm} - 2v + 2t) + \zeta(2t - v + p_{Br} - p_{Am}) \quad (A-22)$$

$$L(p_{Bt}, p_{Bm}, p_{Br}, \mu, \xi, \eta, \delta) = \Delta E\Pi_B + \mu\left(\frac{1}{2}v - p_{Bt}\right) + \xi(p_{Bm} + p_{Am} - 2v + 2t) + \eta(2t - v + p_{Ar} - p_{Bm}) + \delta(v + p_{At} - 2t - p_{Br}) \quad (A-23)$$

其中参数 $\lambda, \theta, \zeta, \mu, \xi, \eta, \delta$ 均为拉格朗日乘子。λ 对应决策变量 p_{At} 的约束条件，θ 和 ζ 对应决策变量 p_{Am} 的约束条件。同理，拉格朗日乘子 μ 和 δ

分别对应决策变量 p_{Bt} 和 p_{Br} 的约束条件，ξ 和 η 对应决策变量 p_{Bm} 的约束条件。

根据拉格朗日乘子的值以及 KKT 条件，

(1) 当 $\frac{7-\sqrt{41}}{2} \leqslant \lambda_A \leqslant 1$ 时：

(i) 若 $\frac{1}{2}v < t \leqslant t_0$，有 $\lambda > 0$，$\mu > 0$，$\zeta > 0$ 和 $\eta > 0$ 成立，其余乘子值为 0。则各正值乘子对应约束条件起作用，零值乘子对应约束条件不起作用。可得

$$p_{At}^* = p_{Bt}^* = \frac{1}{2}v,$$

$$p_{Am}^* = p_{Bm}^* = \frac{(6t-v)\lambda_A^2 + (2t-8v)\lambda_A - 16t + 5v}{6\lambda_A^2 - 14\lambda_A - 8},$$

$$p_{Ar}^* = p_{Br}^* = \frac{6t\lambda_A^2 - 5v\lambda_A^2 - 30t\lambda_A + 22v\lambda_A + 3v}{2(4+7\lambda_A - 3\lambda_A^2)}.$$

(ii) 若 $t_0 < t \leqslant t_1$，有 $\lambda > 0$，$\mu > 0$，$\xi > 0$ 和 $\theta > 0$ 成立，其余乘子值为 0。则各正值乘子对应约束条件起作用，零值乘子对应约束条件不起作用。可得

$$p_{At}^* = p_{Bt}^* = \frac{1}{2}v,$$

$$p_{Am}^* = \frac{8t\lambda_A - 5v\lambda_A^2 + 8v\lambda_A - 40t + 29v}{4(4+7\lambda_A - 3\lambda_A^2)},$$

$$p_{Bm}^* = \frac{24t\lambda_A^2 - 19v\lambda_A^2 - 64t\lambda_A + 48v\lambda_A + 8t + 3v}{4(4+7\lambda_A - 3\lambda_A^2)},$$

$$p_{Ar}^* = p_{Br}^* = \frac{6t\lambda_A^2 - 5v\lambda_A^2 - 30t\lambda_A + 22v\lambda_A + 3v}{2(4+7\lambda_A - 3\lambda_A^2)}.$$

(iii) 若 $t_1 < t \leqslant t_2$，有 $\lambda > 0$ 和 $\mu > 0$ 成立，其余乘子值为 0。则各正值乘子对应约束条件起作用，零值乘子对应约束条件不起作用。可得

$$p_{At}^* = p_{Bt}^* = \frac{1}{2}v,$$

$$p_{Am}^* = \frac{3v\lambda_A - 2t\lambda_A - 6t + 5v}{4(1+\lambda_A)},$$

$$p_{Bm}^* = \frac{5v\lambda_A - 6t\lambda_A - 2t + 3v}{4(1+\lambda_A)},$$

$$p_{Ar}^* = p_{Br}^* = \frac{3}{2}v - 2t.$$

(iv) 若 $t_2 < t \leqslant \frac{3}{4}v$，有 $\lambda > 0$，$\mu > 0$，$\delta > 0$，$\xi > 0$ 和 $\theta > 0$ 成立，其余乘子值为 0。则各正值乘子对应约束条件起作用，零值乘子对应约束条件不起作

用。可得

$$p_{Am}^* = \frac{9}{16}v - \frac{1}{4}t,$$

$$p_{Bm}^* = \frac{1}{4}t\lambda_A - \frac{3}{16}v\lambda_A - \frac{1}{2}t + \frac{3}{4}v,$$

$$p_{Ar}^* = p_{Br}^* = \frac{3}{2}v - 2t。$$

(2) 当 $0 < \lambda_A < \frac{7-\sqrt{41}}{2}$ 时：

(i) 若 $\frac{1}{2}v < t \leqslant t_0$，有 $\lambda > 0$，$\mu > 0$，$\zeta > 0$ 和 $\eta > 0$ 成立，其余乘子值为 0。则各正值乘子对应约束条件起作用，零值乘子对应约束条件不起作用。可得

$$p_{At}^* = p_{Bt}^* = \frac{1}{2}v,$$

$$p_{Am}^* = p_{Bm}^* = \frac{(6t-v)\lambda_A^2 + (2t-8v)\lambda_A - 16t + 5v}{6\lambda_A^2 - 14\lambda_A - 8},$$

$$p_{Ar}^* = p_{Br}^* = \frac{6t\lambda_A^2 - 5v\lambda_A^2 - 30t\lambda_A + 22v\lambda_A + 3v}{2(4 + 7\lambda_A - 3\lambda_A^2)}。$$

(ii) 若 $t_0 < t \leqslant t_3$，有 $\lambda > 0$，$\mu > 0$，$\xi > 0$ 和 $\theta > 0$ 成立，其余乘子值为 0。则各正值乘子对应约束条件起作用，零值乘子对应约束条件不起作用。可得

$$p_{At}^* = p_{Bt}^* = \frac{1}{2}v, \quad p_{Am}^* = \frac{8t\lambda_A - 5v\lambda_A^2 + 8v\lambda_A - 40t + 29v}{4(4 + 7\lambda_A - 3\lambda_A^2)},$$

$$p_{Bm}^* = \frac{24t\lambda_A^2 - 19v\lambda_A^2 - 64t\lambda_A + 48v\lambda_A + 8t + 3v}{4(4 + 7\lambda_A - 3\lambda_A^2)},$$

$$p_{Ar}^* = p_{Br}^* = \frac{6t\lambda_A^2 - 5v\lambda_A^2 - 30t\lambda_A + 22v\lambda_A + 3v}{2(4 + 7\lambda_A - 3\lambda_A^2)}。$$

(iii) 若 $t_3 < t \leqslant t_4$，有 $\lambda > 0$ 和 $\mu > 0$ 成立，其余乘子值为 0。则各正值乘子对应约束条件起作用，零值乘子对应约束条件不起作用。可得

$$p_{At}^* = p_{Bt}^* = \frac{1}{2}v, \quad p_{Am}^* = \frac{t\lambda_A^2 + 11t\lambda_A + 3v\lambda_A - 32t - 9v}{2(\lambda_A^2 + 11\lambda_A - 32)},$$

$$p_{Bm}^* = \frac{t\lambda_A^2 - v\lambda_A^2 + 11t\lambda_A + 7v\lambda_A - 32t - 12v}{2(\lambda_A^2 + 11\lambda_A - 32)},$$

$$p_{Ar}^* = p_{Br}^* = \frac{4v(\lambda_A - 3)}{\lambda_A^2 + 11\lambda_A - 32}。$$

(iv) 若 $t_3 < t \leqslant \frac{3}{4}v$，有 $\lambda > 0$，$\mu > 0$，$\delta > 0$，$\xi > 0$ 和 $\theta > 0$ 成立，其余乘子值为 0。则各正值乘子对应约束条件起作用，零值乘子对应约束条件不起作

用。可得

$$p_{At}{}^* = p_{Bt}{}^* = \frac{1}{2}v,$$

$$p_{Am}{}^* = \frac{9}{16}v - \frac{1}{4}t,$$

$$p_{Bm}{}^* = \frac{1}{4}t\lambda_A - \frac{3v\lambda_A}{16} - \frac{1}{2t} + \frac{3}{4}v,$$

$$p_{Ar}{}^* = p_{Br}{}^* = \frac{3}{2}v - 2t。$$

证毕。

附录 9 定理 4.5 的证明

证明：基于阈值 $t_0 = \dfrac{v(13-7\lambda_A)}{12(2-\lambda_A)}$，$t_1 = \dfrac{v(4\lambda_A{}^2 + \lambda_A - 9)}{2(3\lambda_A{}^2 + \lambda_A - 8)}$，$t_2 = \dfrac{v(3\lambda_A + 11)}{4(\lambda_A + 5)}$，$t_{Td} = \dfrac{5}{8}v - \dfrac{1}{8}v\lambda_A$，可分别计算两种不同的移动目标营销对零售企业利润的影响。

先计算"限定顾客位置"的移动目标营销在各情况下给零售企业带来的利润改变量：

（1）当 $\dfrac{1}{2}v < t \leqslant t_{Td}$ 时，

零售企业 A 的利润改变量为 $\Delta E\Pi A_{TD1} = 0$ （A-24）

零售企业 B 的利润改变量为 $\Delta E\Pi B_{TD1} = \dfrac{(v + 7v\lambda_A - 8t\lambda_A)(2t - v)}{8t(\lambda_A + 1)}$

（A-25）

（2）当 $t_{Td} < t \leqslant \dfrac{3}{4}v$ 时，

零售企业 A 的利润改变量为

$$\Delta E\Pi A_{TD2} = \frac{\lambda_A(v\lambda_A + 8t - 5v)(v\lambda_A - 8t + 7v)}{32t(\lambda_A + 1)^2} \quad \text{（A-26）}$$

零售企业 B 的利润改变量为

$$\Delta E\Pi B_{TD2} = \frac{2v^2(\lambda_A + 1) + \lambda_A{}^2(-64t^2 + 96tv - 35v^2)}{32t(\lambda_A + 1)^2} \quad \text{（A-27）}$$

再计算"允许顾客摘樱桃"的移动目标营销在各情况下给零售企业带来的

利润改变量：

(1) 当 $\frac{1}{2}v < t \leqslant t_0$ 时，

零售企业 A 的利润改变量为

$$\Delta E\Pi A_{CP1} = \frac{1}{16(3\lambda_A^2 - 7\lambda_A - 4)^2 t}((-144\,t^2 + 174tv - 50\,v^2)\lambda_A^5$$
$$+ (480\,t^2 - 558tv + 149\,v^2)\lambda_A^4 + (-368\,t^2 + 458tv - 133\,v^2)\lambda_A^3$$
$$+ (-352\,t^2 + 350tv - 73\,v^2)\lambda_A^2 + (-512\,t^2 + 644tv - 209\,v^2)\lambda_A + 64tv - 36\,v^2)$$
$$(A-28)$$

零售企业 B 的利润改变量为

$$\Delta E\Pi B_{CP1} = \frac{1}{16(3\lambda_A^2 - 7\lambda_A - 4)^2 t}((36\,t^2 - 42tv + 10\,v^2)\lambda_A^5$$
$$+ (-540\,t^2 + 666tv - 191\,v^2)\lambda_A^4 + (1740\,t^2 - 2142tv + 634\,v^2)\lambda_A^3$$
$$+ (-1268\,t^2 + 1446tv - 414\,v^2)\lambda_A^2 + (-352\,t^2 + 600tv - 208\,v^2)\lambda_A$$
$$- 512\,t^2 + 624tv - 183\,v^2) \quad (A-29)$$

(2) 当 $t_0 < t \leqslant t_1$ 时，

零售企业 A 的利润改变量为

$$\Delta E\Pi A_{CP2} = \frac{1}{16(3\lambda_A^2 - 7\lambda_A - 4)^2 t}((72\,t^2 - 96tv + 34\,v^2)\lambda_A^5$$
$$+ (-384\,t^2 + 528tv - 189\,v^2)\lambda_A^4 + (-152\,t^2 + 80tv + 9\,v^2)\lambda_A^3$$
$$+ (1808\,t^2 - 2032tv + 585\,v^2)\lambda_A^2 + (-2240\,t^2 + 2608tv - 755\,v^2)\lambda_A$$
$$+ 64tv - 36\,v^2) \quad (A-30)$$

零售企业 B 的利润改变量为

$$\Delta E\Pi B_{CP2} = \frac{1}{16(3\lambda_A^2 - 7\lambda_A - 4)^2 t}\left(-36\left(t - \frac{5}{6}v\right)^2 \lambda_A^5\right.$$
$$+ (-396\,t^2 + 396tv - 84\,v^2)\lambda_A^4 + (2532\,t^2 - 2868tv + 794\,v^2)\lambda_A^3$$
$$+ (-3284\,t^2 + 3636tv - 1010\,v^2)\lambda_A^2 + (224\,t^2 - 72tv - 13\,v^2)\lambda_A$$
$$+ 64\,t^2 - 14\,v^2) \quad (A-31)$$

(3) 当 $t_1 < t \leqslant t_2$ 时，

零售企业 A 的利润改变量为

$$\Delta E\Pi A_{CP3} = \frac{1}{4(\lambda_A + 1)^2 t}\left(\left(t - \frac{1}{2}v\right)\lambda_A(\lambda_A + 3)(2v - 3t - (t - v)\lambda_A)\right)$$
$$(A-32)$$

零售企业 B 的利润改变量为

$$\Delta E\Pi B_{CP3} = \frac{1}{16(\lambda_A+1)^2 t}((2t-v)(4t\lambda_A^3 - 3v\lambda_A^3 - 6t\lambda_A^2$$
$$+ 3v\lambda_A^2 - 16t\lambda_A + 13v\lambda_A - 14t + 11v)) \quad (A-33)$$

(4) 当 $t_2 < t \leqslant \frac{3}{4}v$ 时,

零售企业 A 的利润改变量为

$$\Delta E\Pi A_{CP4} = \frac{1}{8t}\left(-\left(\lambda_A + \frac{11}{2}\right)t^2 + \frac{3}{2}\left(\lambda_A + \frac{29}{6}\right)vt - \frac{9}{16}v^2\left(\lambda_A + \frac{71}{18}\right)\lambda_A\right)$$
$$(A-34)$$

零售企业 B 的利润改变量为

$$\Delta E\Pi B_{CP4} = \frac{1}{256t}\left((16\lambda_A^2 + 224\lambda_A - 448)t^2 - 24\left(\lambda_A^2 + \frac{34}{3}\lambda_A - 24\right)vt\right.$$
$$\left. + 9v^2\left(\lambda_A^2 + \frac{26}{3}\lambda_A - \frac{176}{9}\right)\right) \quad (A-35)$$

通过比较两种营销策略带来的利润改变量的大小,可得

(1) 关于零售企业 A 的阈值为

$$t_{A1} = \frac{v}{144\lambda_A^5 - 480\lambda_A^4 + 368\lambda_A^3 + 352\lambda_A^2 + 512\lambda_A}((87\lambda_A^5 - 279\lambda_A^4$$
$$+ 299\lambda_A^3 + 175\lambda_A^2 + 332\lambda_A) + \frac{3\sqrt{41}}{41}\left(\lambda_A^2 - \frac{7}{3}\lambda_A - \frac{4}{3}\right)$$
$$\cdot \sqrt{1681\lambda_A^6 - 6232\lambda_A^5 + 5494\lambda_A^4 + 1640\lambda_A^3 + 7257\lambda_A^2 - 1968\lambda_A + 2624} + 32)$$

$$t_{A2} = \begin{cases} \dfrac{v}{4(2\lambda_A^3 + 15\lambda_A^2 + 24\lambda_A - 21)}(6\lambda_A^3 + 41\lambda_A^2 \\ + 2\sqrt{-2\lambda_A^5 - 15\lambda_A^4 - 40\lambda_A^3 - 18\lambda_A^2 + 34\lambda_A + 25} + 64\lambda_A - 67) \\ (0.5 \leqslant \lambda_A \leqslant 0.8343) \\ \dfrac{v(3\lambda_A + 11)}{4(\lambda_A + 5)} (0.8343 < \lambda_A \leqslant 1) \end{cases}$$

(2) 关于零售企业 B 的阈值为

$$t_B = \frac{v}{4(-9\lambda_A^6 + 54\lambda_A^5 + 36\lambda_A^4 - 318\lambda_A^3 - 43\lambda_A^2 + 88\lambda_A + 128)}$$
$$(-21\lambda_A^6 + 114\lambda_A^5 + 168\lambda_A^4 - 814\lambda_A^3 - 259\lambda_A^2 + (81\lambda_A^{12} - 648\lambda_A^{11}$$
$$+ 72\lambda_A^{10} + 6924\lambda_A^9 + 806\lambda_A^8 - 46492\lambda_A^7 + 11052\lambda_A^6 + 68564\lambda_A^5$$
$$+ 38017\lambda_A^4 - 7516\lambda_A^3 - 7980\lambda_A^2 - 1568\lambda_A + 1088)^{\frac{1}{2}} + 148\lambda_A + 280)$$

最后,可验证当 $\lambda_A = 1$ 时,有 $t_{A1} = t_{A2} = t_B = \frac{1}{2}v$ 成立。证毕。